학부모를 위한 영재교육

Education for the gifted children

서재복 · 박숙희 · 이국행 · 이정원 · 이희연
임은미 · 정덕호 · 최지영 · 최지은 · 허진휴
공 저

도서출판 원미사

Preface

영재교육은 인적자원에 의존하는 국가일수록 영재의 발굴과 영재교육에 열성적이다. 이러한 현상은 국가뿐만 아니라 가정에서도 마찬가지다. 영재교육에 대한 이 같은 열의에도 불구하고 수많은 영재들이 그들의 영재성을 키우지 못했다. 그 이유는 무엇이며, 그 책임은 어디에 있는 것인가? 아마도 영재교육에 대한 오해와 지도의 한계에서 시작된 것이 아닐까?

저자들은 영재교육분야에 관심을 갖고 활동해오던 중 뜻을 같이하여 [학부모를 위한 영재교육]을 출간하게 되었다. 그동안 학부모를 위한 영재교육 관련 서적이 부족했던 것이 사실이다. 이 책을 통해 학부모들로 하여금 그들 자녀들의 영재성에 대한 이해와 올바른 지도에 도움이 되었으면 하는 바람에서 다름과 같이 구성하였다.

이 책의 주요 내용은 영재교육의 이해와 실제 편으로 구성되어 있다. 영재교육의 이해편에서는 영재성과 영재아의 특성, 그리고 영재아의 판별 및 잠재력 등을 언급하였으며, 실제편에서는 영재교육정책, 영재주변인의 역할, 그리고 영재아의 세계를 밝히고자 하였다. 구체적인 내용으로는 제1장에서는 영재성의 이해, 제2장 영재의 지적 특성, 제3장 영재의 정의적 특성을 제시하였다. 제4장에서는 영재의 판별, 제5장 창의성교육과 잠재력 개발, 제6장 영재교육프로그램, 그리고 제7장 영재교육정책의 변화를 언급하였다. 제8장에서는 영재아 교사와 부모의 역할과 제9장 영재아의 리더십과 심리세계로 구성되어 있다.

이 책은 기존의 여러 학자들의 연구와 경험을 바탕으로 이루어졌으며 필자들의 한계로 부족한 부분을 숨길 수 없다. 앞으로 부족한 부분에 대해 지속적인 노력을 할 것을 약속드린다. 끝으로 어려운 출판 여건 속에서도 본서의 출간을 흔쾌히 허락해준 원미사 사장님과 가족들에게 감사드린다.

2010년 1월

저자 일동

Contents

제6장 영재교육 프로그램

제7장 영재교육 정책의 흐름

제8장 영재아를 위한 교사와 학부모 역할

제9장 영재아의 심리세계와 리더십

제 1 장

영재성의 이해

제1장
영재성의 이해

제1장
영재성의 이해

미적분 문제도 거뜬히 풀어내는 초등학교 6학년생 수경이는 학교에서 하루 종일 시무룩한 표정으로 말 한마디 안하고 자리에 앉아 있기만 한다. 학교수업이 재미없다고 느끼기 때문이다. 담임선생님은 수경이를 성취동기가 부족하고 학습에 그다지 열의가 없으며 능력이 부족한 학생이라고 판단하였으나 그다지 특별한 관심을 보이지 않았다. 같은 반 친구들은 학교에서 멍하게 앉아 자기만의 생각에 빠지곤 하는 수경이를 바보라고 놀리기 시작했고 여러 달 동안 많은 갈등을 겪은 끝에 결국 수경이는 이를 견디지 못해 다른 학교로 전학을 했다.

모든 부모들의 바람은 자신의 자녀가 학교에서 적응을 잘 할 뿐만 아니라 최고의 수행을 보이기를 원한다. 이런 상황에 부딪치게 되면 부모들은 아이의 행복을 위해 자신이 해줄 수 있는 것이 아무것도 없다고 생각하여 우울감에 빠지기도 한다.

우연한 기회에 수경이 어머니는 지인으로부터 소개를 받아 아이를 영재교육 전문가에게 의뢰하여 상담을 받게 되었고, 소정의 절차를 거쳐 J대학교의 영재교육원에 다니게 되었다. 이곳에 처음 다녀온 수경이는 "너무 재미있다"는 반응을 보이기 시작하였다. 아이가 행복해지기 시작한 것이다. 무엇이 수경이를 즐겁게 만들었을까? 일반적인 교실 안에는 수경이처럼 뭔가 자신의 수준에 적절한 도전적인 자극을 통해 동기화되고 흥미를 느끼게 되는 아이들도 있는 것이다.

제1절 영재교육은 왜 필요한가?

영재교육에 관한 사회적 관심이 구체화되기 전, 우리의 교육현장에서는 수많은 영재아들이 그들의 능력을 제대로 인정받지 못하거나 욕구를 충족시키지 못한 채로 교육을 받아왔다. 어떤 아이들은 이미 알고 있는 개념이나 내용을 다른 동료들이 학습할 때까지 인내심을 가지고 기다리고 있었으며, 또 다른 아이들은 때때로 교실활동에 흥미를 가지지 못해 지루함에서 벗어나고자 아픈 척을 하거나 집에 갈 구실을 찾기도 하였다. 뿐만 아니라 어떤 영재아들은 학업을 중도에 포기해 버리기도 하였다(Davis & Rimm, 2004).

영재들에게 적합한 영재교육을 실시하지 않는 것은 그들의 재능을 살리지 못하고 낭비하는 일이라고 생각하는 학부모나 교육자들의 수는 사실 그다지 많지 않다. 대부분의 사람들은 영재아들은 자신의 영재성을 스스로 계발할 수 있는 능력을 가지고 있기 때문에, 그들에게 특별한 교육적 서비스를 제공하는 것은 이미 가진 자에게 특별한 혜택을 주는 특권교육이자 엘리트 우대적인 발상이므로 불공평하고 비민주적인 처사라고 생각한다. 또한 영재교육을 위해 추가적으로 교원을 고용하거나 자원을 확보하는데 많은 비용이 소모되므로 영재들이 기존의 교육과정에 적응하는 것이 바람직하다고 생각한다(Coleman & Cross, 2000). 이처럼 영재들은 이미 뛰어난 능력을 가지고 있기 때문에 그냥 내버려두어도 스스로 자신의 능력을 계발할 수 있을 것이라고 믿는 사람들이 많은 것이다.

과연 그럴까? 결론부터 말하자면 그렇지 않다. 영재성을 가진 아이들은 각자의 수준에 맞는 특별한 교육적 서비스를 필요로 하고 있으며, 만일 이들을 그대로 방치했을 경우에 발생하게 되는 부정적인 결과에 관한 연구는 많이 보고되어왔다. 예를 들면, Bloom과

Sosniak(1981)은 세계적인 명성을 지닌 많은 사람들을 대상으로 3년에 걸쳐 연구한 결과 이들은 이미 유아기에서부터 전문가가 되어 활동할 때까지 끊임없이 제공되는 체계적인 자극과 도전을 통해서 성장하였다는 사실을 확인하였다. 즉, 그들이 그와 같은 명성을 가질 수 있었던 이면에는 어려서부터 개인의 학습속도에 맞는 개별화 교육을 집중적으로 제공받아 그들의 재능을 계발시킬 수 있었던 기회가 있었기 때문이라고 하였다.

Sternberg(1996)는 사회의 일각에서 영재교육을 '부자들을 위한 복지'로 간주하고 있다는 점에 대해 안타깝게 생각하고, 사실 영재들은 우리 사회의 가장 고귀한 인적자원이므로 영재교육을 바라보는 우리의 태도와 행동을 변화시켜야 한다고 주장하였다. Whitmore(1980)는 어떤 학생이 학습부진아로 판정된 경험이 있거나 학교교육을 받을 동안에 교사로부터 적절한 상담의 기회를 제공받지 못하는 경우에는 학교에서 중도 탈락하게 될 확률이 높다고 하였다. Rimm(1997)도 고등학교 중도 탈락자의 10~20%가 영재로 분류될 수 있음을 시사하는 연구 결과를 발표한 바 있다. 따라서 영재성을 이해하고 영재성을 가진 아동들의 능력과 요구에 부응하는 적절한 교육의 기회를 제공하도록 노력해야 하는 것은 학부모와 교사들의 당연한 책무인 것이다.

최근 우리나라에서는 수월성 교육을 실현하기 위한 '수준별 이동수업'이 화두가 되고 있다. 미국에서는 일찍이 '능력별 집단편성(tracking)'을 실시해오고 있었다. 그러나 1980년대 중반 무렵 Oakes(1985)는 이것이 비효과적이고 인종차별적이며, 공평하지 않다는 이유로 능력별 집단편성의 폐지를 촉구하기 시작했다. 즉, 능력에 따른 동질집단 수업을 폐지하고 이질집단을 구성할 것을 주장하였다. 그러나 Renzulli(1991)와 Reis 등(1992)은 이에 대해"이질집단

속에서 우수한 학생들은 새로운 학년이 시작될 때까지 배우는 것이 아무것도 없다"면서 강하게 비판하였다. Davis와 Rimm(2004)은 능력별 집단편성이 이루어지지 않을 경우에 영재들은 심각한 어려움에 처하게 된다고 하였다. 즉, 대부분의 영재교육 프로그램은 유능한 학생들이 심화 혹은 속진 수업을 할 수 있도록 시간제 혹은 전일제의 특별학급, 독자적인 프로젝트나 기타 기술 개발 활동을 위한 풀 아웃제(pull-out)와, 심화학습을 위해 학년 당 한 학급에서 설치 운영되는 모둠별 활동, 재능이나 흥미에 따른 프로젝트 집단, 일과 중 일부를 고학년들과 함께하는 혼합 학년집단 등의 운영을 전제로 하고 있기 때문에 심각한 위기에 직면한다는 것이다. 또한 Kulik(2003, 1992; Davis & Rimm, 2004)의 연구 결과는 수준별 이동수업에 대해 어느 정도 시사하는 바가 있다고 생각되는데, 그는 능력별 집단편성은 모든 아동들에게 효과적이라고는 할 수 없지만 적어도 영재들에게는 효과적이며 능력이 낮은 학생들에게도 학업 성취에 부정적인 영향을 미치지 않는다고 주장하였다(〈글상자 1-1〉 참조). 그러나 이러한 연구결과에서는 능력별 집단편성이 주는 심리적 영향에 대해 간과한 부분이 있다.

〈글상자 1-1〉

능력별 집단편성에 대한 연구결과

Kulik(2003, 1992)은 51편의 관련 연구들을 메타분석하였다. 연구결과는 효과크기(effect size)로 보고되었는데, 효과크기란 두 집단간의 평균차이를 표준편차로 나눈 값이다.

Kulik(2003)은 능력별 집단편성이 모든 아동들에게 효과적이라고 할 수는 없지만 영재들에게는 효과적이라고 결론을 내렸다.

특히 수학에 재능이 있는 청소년들이 방학동안이나 대학에서 제공하는 속진학습 프로그램에 능력별 집단으로 편성되어 참여했을 때 매우 효과적인 것으로 밝혀졌다. Kulik(1002)에 따르면 하위수준이나 중간 수준의 집단에 편성된 학생들의 성취수준은 능력별로 집단이 편성되지 않은 학급에서 공부한 비교집단의 성취정도와 차이가 없었다. 그러나 XYZ 집단편성프로그램에 참여한 상위집단의 학업성취는 능력이 혼합된 학급에서 공부한 학생들보다 학업성취가 훨씬 높은 것으로 밝혀졌다. 또한 그는 영재교육에 활용할 수 있는 두 가지 유형의 집단편성의 효과를 발견하였다.

첫째, 시간제로 혼합학년 집단에 참여한 학생들의 성취에 관한 연구의 평균 효과크기가 .30으로 나타났다.

둘째, 수학을 가르치기 위해 학급 내 능력별 집단편성을 실시했을 경우에는 평균 효과크기가 .35로 나타났다. 즉, 능력이 낮은 집단의 경우 .20, 중간집단의 경우에는 .15, 그리고 상위집단의 경우에는 효과의 크기가 .40으로 나타났다.

이 연구가 시사하는 바는 능력별 집단편성을 실시하더라도 능력이 낮은 학생들의 성취에 부정적인 영향을 주지 않으며 우수한 학생들에게는 효과적인 영향을 미친다는 사실을 시사한다.

출처: 이경화, 최병연, 박숙희 역(2005; Davis & Rimm, 2004)

영재교육의 목적은 영재아들의 잠재적인 능력을 최대한 계발함으로써 그들의 자아실현의 욕구를 충족시키는 동시에 국가 사회가 그 부수적인 효과로 안보, 복지, 문화의 혜택을 누리게 하는데 있다. 이와 같은 맥락에서 영재교육의 필요성은 교육적 차원, 개인적 차원 그리고 국가적 차원에서 구분할 수 있다.

첫째, 교육적인 차원에서 모든 학습자는 개인의 능력과 소질에 적합한 학습내용과 활동을 제공받아야 한다. 이것은 모든 교육이 지향하는 기본적 전제조건이다. 영재교육이란 능력이 우수한 학생들에게 일반적인 교육에서 개인에게 적절한 교육을 받기 어려운 영역에서 차별적으로 제공되는 교육이다. 민주사회에서는 누구든지 자신의 능력과 소질에 적절한 교육을 제공받을 권리를 가지고 있고, 국가와 사회는 이러한 교육서비스를 제공할 의무가 있는 것이다.

둘째, 개인적 차원에서는 영재아도 다른 모든 아이들처럼 자신의 타고난 지적 욕구 수준에 부응하는 잠재력을 최대한 계발할 수 있는 기회를 제공받아야 할 권리가 있다. 타고난 지적 능력이 뛰어남에도 불구하고 일반 교실에서는 앞서 소개한 사례의 주인공인 수경이와 같이 일반 학급에서 잘 적응하지 못하는 경우도 있다. 그러나 영재들은 일반 아동들과는 여러 가지 측면에서 차이가 있음을 인정하고 그들의 특성에 맞는 적절한 교육의 기회가 제공되어야 하는 것이다.

셋째, 국가적 차원에서 영재교육의 필요성을 살펴보자면, 국가는 고급 두뇌 인력을 배출하여 국가 사회의 발전에 기여할 수 있는 인재를 양성해야 한다. 특히 세계화로 치닫고 있는 현시대에서 국가의 발전을 좌우하게 될 고급 인력을 다양한 분야에서 체계적으로 양성할 필요성을 절실히 느끼게 된다. 선진국에서는 고급 인력을 양성하는 일이 국가의 어떤 사업보다도 중요한 것임을 인식하고, 이미 고급 인력 양성을 위한 구체적 실천 단계에 접어들어 있다.

다행히 우리나라에서도 국가경쟁력의 제고를 위한 우수 인재의 양성이 필요하다는 사실을 인식하였다. 기존의 공교육제도 하에서는 미래의 국경없는 경쟁시대에서의 정보화 전쟁에 대비할 수 있는 우수 인력을 양성하기 어려우므로 이를 보완할 목적으로 각 분야의 우수한 영재를 육성해야 한다는 점을 인식한 것이다. 그 결과 뉴밀

레니엄시대의 시작과 함께 우리나라에도 영재교육진흥법이 공포되어 영재교육을 위한 법적, 제도적 장치가 마련되었다. 교육적, 개인적, 국가적인 차원에서 영재교육의 중요성을 인식하고 체계적인 실천을 진행해 나아감에 따라 현재 우리사회는 영재교육에 대한 관심이 대단히 고조되어 있고 영재교육 성장을 위한 투자도 가속화되고 있다.

제2절 영재성이란 무엇인가?

영재성이 무엇인가를 이해하는 것은 영재교육의 의미를 이해하기위한 기본적인 과정이다. '영재성'이라 함은 일반적으로 남보다 뛰어난 어떤 능력이나 잠재력을 가진 경우를 의미하므로 대개 영재성의 판별은 비교집단에 근거하여 이루어지게 된다. 이러한 경우에서의 영재성의 정의는 상대적인 개념이라고 할 수 있다.

영재성은 시대에 따라 혹은 사회가 추구하는 가치에 따라 다양하게 정의될 수 있다. 예를 들어, 원시시대에는 사냥을 잘하는 능력이나 성능 좋은 도구를 만드는 능력을 영재성으로 간주했을 것이다. 또한 이방인의 발길이 닿지 않는 이 지구상의 어느 곳에서는 나침반 없이도 순수한 감각만을 이용하여 유능하게 항해할 수 있는 능력을 영재성으로 여기는 사회도 존재할 것이다. 이러한 경우 영재성은 맥락적인 개념이라는 특징이 있다.

영재성에 대해 보편적으로 수용될 수 있는 단일한 정의를 내리기는 어렵다. 왜냐하면 다음과 같은 문제나 상황들을 종합적으로 고려해야 하기 때문이다(이경화, 박숙희, 2004).

첫째, 특정한 교육기관에서 선택한 영재성에 관한 정의는 곧 그 기관에서의 영재교육 대상자를 판별하는 기준에 영향을 미치게 된다.

둘째, 영재성에 대한 특정한 정의와 그에 따른 판별 방법을 마련하는 것은 때때로 빈곤층, 소수민족, 장애인, 부진아, 그리고 여학생 등과 같이 특수한 계층을 차별화시킬 수 있다.

셋째, 영재성에 관한 정의는 장차 제공될 프로그램 설계와도 관련이 있다. 영재의 구체적인 유형에 따라 제공되는 프로그램이 달라져야 하기 때문이다.

넷째, 영재성의 정의에 근거하여 우수한 학생으로 판별된 아동에게 붙이게 되는 '영재'라는 명칭은 자아존중감과 자기 기대감을 향상시킬 수 있다는 긍정적 측면이 있지만, 또래들이나 형제자매로부터 소외당할 수 있다는 부정적인 측면도 있다. 이러한 이유 때문에 Cox, Daniel, 그리고 Boston(1985)은 영재라는 용어 대신에 '유능한 학습자(able learner)'라는 용어를 선호하였다. 또한 Renzulli(1986, 1991; Treffinger & Renzulli, 1986)는 '영재 행동(gifted behaviors)'이라는 말을 제안했는데 영재 행동은 특정한 시기와 상황에서 특정한 아동에게 발달될 수 있다고 한다. 또한 Renzulli 등은 영재 판별의 대상이 되었던 아동들에게 판별의 결과로서 '보통아'혹은 '영재'라는 명칭을 부여해서는 안 된다고 하였다.

영재성이 무엇인가에 대해서는 학자들마다 혹은 영재교육을 실천하고 있는 나라마다 다양하게 정의를 내리고 있다. 지금부터 이러한 다양한 정의들을 살펴봄으로써 영재성의 이해를 돕고자 한다.

1. 미국 교육부의 정의

미국에서 최초로 영재성의 정의를 밝힌 것은 국립교육평가연구협회(National Study of School Evaluation: NSSE)의 1920년과 1924년 연감에 나타나있다. 연감의 '초년의 영재아동에 대한 프로그램과 규정'에서는 영재아동을 "높은 지적 능력과 학업적 성취를 보인 아동"으로 간주하고 있으며, 이러한 능력이 영재성의 본질을 결정하는 개인의 특성이자 자질이라고 명백히 밝히고 있다(Passow, 1981; 이신동 외, 2009).

또한, 미국 교육부의 교육위원이었던 Marland가 1971년에는 제출한 미국 국회 보고서에 영재에 대한 폭넓은 정의가 소개되었다(Marland, 1972). 이 정의는 현재까지도 가장 널리 사용되고 있는데, 이 보고서에 명시되어있는 영재 및 재능아에 대한 정의는 다음과 같다.

> "영재아나 천부적인 재능이 있는 아동은 전문가에 의해서, 높은 성취를 수행할 수 있는 뛰어난 능력을 가진 것으로 판별된 아동들을 말한다. 이러한 아동들이 자기 자신과 사회에 공헌하기 위해서는 보통 학교의 정규 교육과는 차별화 된 교육 프로그램을 필요로 한다. 뛰어난 수행을 할 가능성이 있는 아동은 다음 분야 중에서 우수한 성취를 입증했거나 그러한 성취를 할 잠재력이 있다."
>
> ✧ 일반 지능 (general intellectual ability)
> ✧ 특수한 학업 적성 (specific academic aptitude)
> ✧ 창의적 또는 생산적인 사고 능력 (creative or productive thinking)
> ✧ 리더십 (leadership ability)
> ✧ 시각적 또는 공연 예술 (visual or performing arts)
> ✧ 정신운동 능력 (psychomotor ability)

영재성의 관한 1972년도의 정의는 1978년에 미국 의회의 수정을 거치고 1988년에 일부 내용을 다시 개정하여 영재교육법으로 공포되었으며, 2005년도에는 다음과 같은 내용으로 재승인되었다.

> 영재란 지능, 창의성, 예술성, 리더십이나 특수한 학업 영역에서 뛰어난 능력을 입증하였거나 그러한 능력을 최대한 계발하기 위하여 일반 학교교육 이상의 교육 서비스나 활동을 필요로 하는 아동이나 청소년을 말한다.
>
> (P. L. 100~297, Sec. 4103)

이 정의는 영재를 위와 같은 다양한 분야에서 우수한 성취를 입증했거나 그러한 성취를 할 잠재력이 있는 아동으로 봄으로써 주로 지능이나 학업성취에만 국한하여 영재성을 정의했던 미국 초기시점과는 달리, 영재성의 개념을 폭넓은 개념으로 접근하도록 하는 시발점이 되었다는 점에서 큰 의미가 있다.

2. Renzulli의 정의

미국 코네티컷 대학교의 교수 Renzulli(1978)는 역사에 기록될 만한 업적을 남긴 사람이나 위인들에 관한 문헌을 분석한 결과를 토대로 하여 유명한 '세 고리 모형(three-ring model)'을 제안하였다. 그는 "영재 행동이란 평균 이상의 일반 혹은 특수 능력, 높은 과제 집착력(동기), 높은 창의성과 같은 세 가지의 기본적인 인간 특성의 상호작용으로 나타난다. 영재는 이러한 특성들을 소유하고 있거나 장차 발달시킬 가능성이 있는 아동으로서 인간이 수행하는 잠재적으로 가치 있는 분야에 이러한 특성들을 적용하는 아동이다."라고 하였다(Renzulli & Reis, 2003).

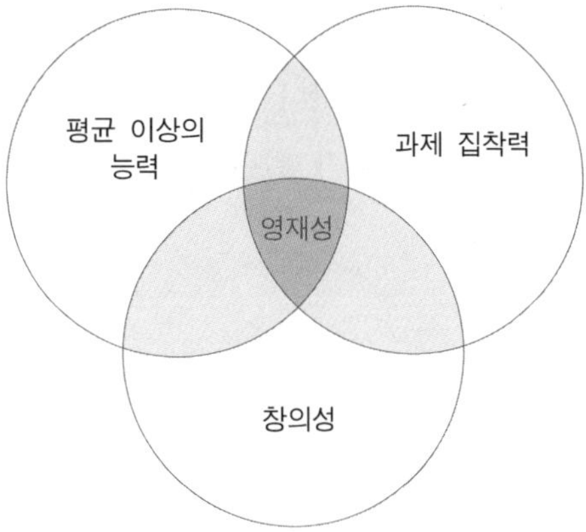

[그림 1-1] Renzulli의 세 고리 모형

Renzulli는 이러한 세 가지 특성이 일반 영역과 특수한 수행 영역에서 결합될 때 영재행동이 발현된다고 보았다. 일부 영재프로그램 개발자들은 이 모형에서 제안하고 있는 세 가지 특성 모두가 높은 학생들만을 프로그램의 대상자로 선발할 것을 권장하기도 하였지만 그는 이 모형의 적용에 대한 합리적인 판별방법을 제시하였다. 예를 들어, 어떤 학생의 IQ가 매우 높다면 그 학생의 학습동기와 성취수준이 낮아도 영재로 추천할 수 있다. 또한 교사는 학생의 IQ에 대한 정보를 사용하지 않고도 창의성과 동기수준이 높은 학생이라고 판단되면 그 학생을 추천할 수도 있다고 하였다(Davis & Rimm, 2004).

Renzulli의 정의는 영재성에 대해 일반사람들이 가지고 있던 고정관념을 상쇄시킨 측면이 있다. 대부분의 사람들은 영재들을 대단히 수준 높은 능력을 가진 사람들이라고 생각하기 때문이다. 그가 영재성에 관한 정의를 내리기 위해 분석한 사람들 중에는 일반적인 능력이 매우 높은 수준이 아닌 평균이상의 능력(above-average ability)을 가진 사람들이 있었으며, 이러한 능력이 높은 수준의 과제집착력이나 높은 수준의 창의성과 결합되었을 때 사회에 공헌할 만한 업적을 남긴 사람들이 많았다는 사실을 토대로 영재성의 개념을 정의하였다는 점에서 의의가 있다.

3. Gagné의 정의

캐나다 퀘백대학교의 교수 Gagné(1985)는 영재와 재능 간의 구분에는 능력과 수행 간의 심리학적 구분이 반영되어야 한다고 주장한 바 있다. 그는 영재를 지적, 창의적, 사회 · 정서적, 감각운동적 능력 면에서 평균 이상의 능력을 가진 자이며, 재능아는 재능으로 간주될 수 있는 분야에서 평균 이상의 수행을 보여주는 자로 정의하였다. 그는 능력과 수행을 구분한 이유를 예를 들어 설명하였는데, 저성취아(부진아)는 잠재력은 있지만 그것을 실제로 수행할 수 없기 때문에 영재성을 가진 것으로 분류될 수 있지만 재능아로는 분류될 수 없다는 것이다(Davis & Rimm, 1985).

Gagné(2000)는 '영재성과 재능 변별모형(Differentiated Model of Giftedness and Talent; DMGT)'에서 영재성(일반적 적성)은 학습되지 않은 선천적 능력인 반면, 재능(구체적 기술)은 학습된 능력 이라고 명명하였다.

선천적 영재성은 4가지의 유형으로 되어 있다. 즉 지적(예; 추리, 판단), 창의적(예; 발명, 상상력), 사회 · 정서적(예; 지도력, 감정이입, 재치), 감각운동적(예; 청각, 협응)유형이다. 그리고 그가 제안한 재능범주(영역)에는 학업, 예술, 사업, 레저, 사회적 행위, 스포츠, 기술 등의 7가지 영역이 있다. 재능 계발에 영향을 미치는 개인적 요인은 신체적 특성, 동기, 의지, 자기관리, 그리고 성격 등을 들 수 있으며, 환경적 요인에는 자신이 처한 환경, 사람, 교육여건, 그리고 사태 등이 포함된다. 또한 재능 계발은 가정환경이나 영재 프로그램이 정비된 학교의 여부에 따라, 치명적인 사고로 운동을 계속할 수 없는 경우 등과 같은 우연적 요인에 의해서도 영향을 받는다(Davis & Rimm, 2004; 이경화, 최병연, 박숙희 역, 2005).

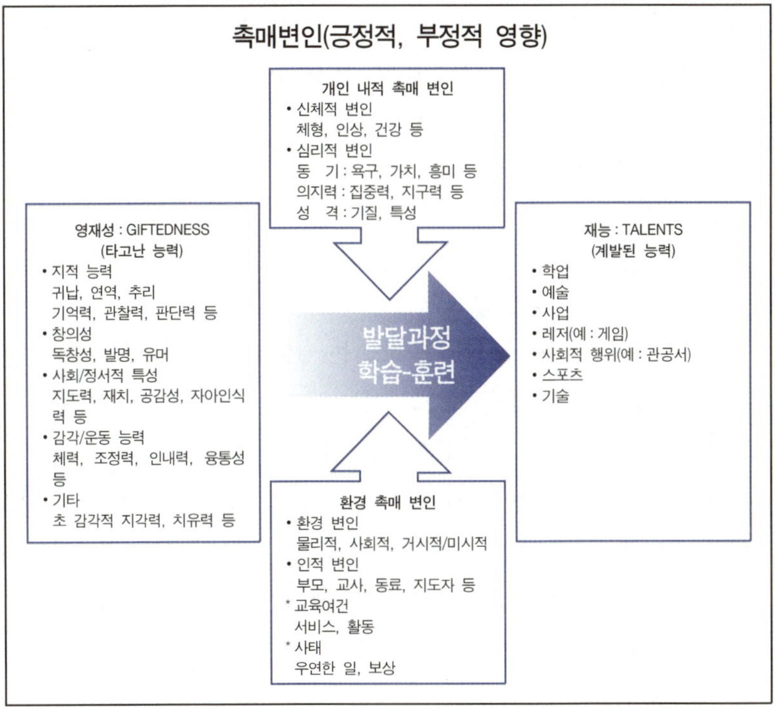

[그림 1-2] F. Gagné의 영재성과 재능의 개념

Gagné가 영재성과 재능 간의 구분을 시도한 것은 Cohn(1977, 1981)의 영향을 받은 측면이 있다. 일찍이 Cohn은 영재성을 지적, 예술적, 사회적 영역으로 구분하고 이것을 또 다시 재능의 범주로

각각 구분하였다. 즉, Cohn은 지적 영재성은 수량적 재능, 언어적 재능, 공간적 재능, 그리고 기타 특수 재능 영역으로 구분되며, 예술적 영재성은 미술 재능, 공연예술 재능과 기타 특수 재능 영역으로 구분된다고 하였다. 그리고 사회적 영재성은 리더십 재능, 감정이입 및 이타주의적 재능, 그리고 기타 특수 재능 영역으로 분류한 바 있다. 또한 Davis와 Rimm(1985)는 Gagné가 Renzulli의 영재성에 대한 의견에서도 영향을 받았다고 설명하고 있다. 즉, Gagné는 영재란 지적, 창의적, 사회 · 정서적, 감각운동적 능력 면에서 평균 이상인 사람이라고 정의함으로써, 통상적으로 탁월한 수준의 높은 능력을 영재성으로 다루기보다는 보통보다 다소 높은 평균이상의 능력을 영재성으로 간주하는 Renzulli의 견해를 받아들인 셈이다.

4. Gardner의 정의

미국 하버드 대학교의 Gardner는 1983년의 저서 「마음의 틀(Frames of Mind)」에서 인간의 지능을 단일한 요인으로 다루는 전통적인 지능이론에서와는 달리 인간의 지능은 서로 다른 여러 가지 유형의 지능이 한 개인에게 독립적, 다중적으로 존재한다고 주장하였다. Gardner(1999)는 단일한 IQ의 심각한 한계를 비판하면서, "지능은 너무 중요해서 지능검사자에게 맡겨둘 수 없다"고 하여 단일한 수치로 인간의 지능을 개념화 하는 것에 대해 부정적인 견해를 주장하였다.

Gardner(1983, 1993)가 제안한 다중지능이론(multiple intelligence theory: MI)은 초기에 지능을 언어지능, 논리-수학적 지능, 음악지능, 공간지능, 신체-운동지능, 대인관계지능, 자기성찰지능 등의 일곱 가지로 소개하였다가, 1999년에는 자연관찰 지능을 추가하였다.

이 외에도 영성지능, 실존지능 등의 새로운 지능의 존재가능성을 주장하고 있다. 그가 제안한 주요 지능에 대해 간략히 설명하면 다음과 같다(이경화, 박숙희, 2004).

- 언어 지능 : 언어이해, 구문론, 의미론, 문어체와 구어체 표현과 관련이 있으며 소설가나 변호사에게 필요한 지능이다.
- 논리-수학 지능 : 수학자나 물리학자에게 필요한 지능으로 귀납적, 연역적 추론과 수학이 포함된다.
- 공간지능 : 3차원 도형을 표상하거나 조작할 수 있는 능력을 의미하며 건축가, 공학자, 실내 장식가, 조각가 등에게 필요하다.
- 음악지능 : 음의 고조 변별, 리듬이나 음색에 대한 민감성, 음악 감상력, 작곡 등이 포함된다.
- 신체-운동지능 : 과제 수행이나 산출을 목적으로 신체의 전부 혹은 부분을 사용할 수 있는 능력으로 무용수, 체육 선수에게서 나타난다.
- 대인관계 지능 : 타인의 행동과 동기를 이해하고 타인에 대한 지식을 바탕으로 합리적이고 생산적으로 행동할 수 있는 능력으로 상담가, 교사, 정치가 등에게 필요한 능력이다.
- 자기이해 지능 : 자신의 인지적 강점과 약점, 사고유형, 감정, 정서 등에 대한 이해를 의미한다. 또한 이 지능은 계획 수립과 활동 수행에서의 지식을 사용하는 능력과 관계가 있다.
- 자연관찰 지능 : 자연관찰 지능이 뛰어난 사람들은 세계에 대한 폭넓은 지식을 소유하고 있으며 동물과 식물을 인식하고 분류하는 능력이 우수하다.

Gardner가 제안한 지능들은 서로 약간씩 관련이 되어있기도 하고 어떤 지능들은 서로 거의 관련이 없는 것들도 있다. 그의 지능이론은 새로운 시각에서 영재성을 정의하게 하는 가능성을 제시하였다. 즉, 단 하나의 특정 영역에서 영재성을 나타내는 사람이 있는가 하면, 여러 가지 영역에 걸쳐 영재성을 나타내는 사람도 있는 것이다. 이러한 지능에 대한 새로운 접근법은 영재교육을 담당하는 사람들에게 특정 학생의 어느 한 측면이나 단일한 영역만을 관찰하여 섣불리 영재성을 판단할 것이 아니라, 다양한 측면에서의 강점을 살펴보고 각 영역의 영재성을 발견하여 그 능력을 계발하는데 도움을 주어야 함을 강조하고 있다는 점에서 의의가 있다.

5. 우리나라 영재교육진흥법에서의 정의

우리나라에서 영재교육에 관한 관심을 가진 역사는 비교적 오래되었지만, 공교육의 차원에서 영재교육이 논의되기 시작한 것은 1999년 12월 28일에 영재교육진흥 법안이 국회에서 통과되고, 2000년 1월 28일에는 이 법안이 공포되면서부터이다. 이 법은 그동안 몇 차례 개정되었으나 영재교육의 목적 및 영재와 영재교육 대상자에 대한 기본적인 조항은 다음과 같이 초기의 내용을 그대로 유지하고 있다.

영재교육진흥법

[일부개정 2008.2.29 법률 제08852호]
교육과학기술부(과학산업교육정책과, 02-2100-6300)

제1조 (목적) 이 법은 교육기본법 제12조 및 제19조의 규정에 따라 재능이 뛰어난 사람을 조기에 발굴하여 타고난 잠재력을 계발할 수 있도록 능력과 소질에 맞는 교육을 실시함으로써 개인의 자아실현을 도모하고 국가 · 사회의 발전에 기여하게 함을 목적으로 한다.

제2조 (정의) 이 법에서 사용하는 용어의 정의는 다음과 같다.

1. "영재"라 함은 재능이 뛰어난 사람으로서 타고난 잠재력을 계발하기 위하여 특별한 교육을 필요로 하는 자를 말한다.
2. "영재교육"이라 함은 영재를 대상으로 각 개인의 능력과 소질에 맞는 교육내용과 방법으로 실시하는 교육을 말한다.

- 중략 -

제5조 (영재교육대상자의 선정) ① 영재교육기관의 장은 다음 각 호의 어느 하나의 사항에 대하여 뛰어나거나 잠재력이 우수한 사람 중 당해 교육기관의 교육영역 및 목적 등에 적합하다고 인정하는 자를 영재교육대상자로 선발한다.

1. 일반 지능
2. 특수 학문 적성
3. 창의적 사고 능력
4. 예술적 재능
5. 신체적 재능
6. 그 밖의 특별한 재능

- 이하 생략 -

우리나라의 영재교육진흥법에 의하면 '영재'란 재능이 뛰어난 사람으로서 타고난 잠재력을 계발하기 위해 특별한 교육을 필요로 하는 자라고 정의하고 있으며, 영재교육의 대상자는 일반지능, 특수학문적성, 창의적 사고능력, 예술적 재능, 신체적 재능, 그리고 기타 특별한 재능 등의 여섯 가지 영역에서 재능이 뛰어나거나 잠재력이 우수한 사람으로, 그 중에서 선발할 것을 규정하고 있다. 이 규정은 영재성의 정의에 관한 지금까지의 다양한 관점들이 어느 정도 종합적으로 수용되어있으며, 천부적으로 타고난 능력을 영재성으로 간주한다는 의미가 내포되어 있음은 시사한다. 또한 영재교육의 대상자를 일반지능과 특수 학문적성, 창의적 사고능력 뿐만 아니라 신체적, 예술적 재능, 그리고 더 나아가 '그 밖의 특별한 재능' 이라는 영역을 두어 영재성의 범위를 폭넓게 개념화하고 있다는 점에서 의미가 있다.

제3절 영재들의 유아기는 특별한가?

영재교육에 대한 국가적 차원에서의 관심은 대부분 초, 중등학생의 영재교육에 초점이 맞추어진 경향이 있어 유아기의 영재교육에 대해서는 관심을 가지지 못하는 경향이 있다. 사실 모든 청소년 및 성인 영재들에게도 유아기 시절이 있었을 것이다. 그 중에서도 어떤 영재들은 좀 더 행복한 유아기 시절을 보냈고, 또 다른 영재들은 무척 힘든 유아기를 경험했을지도 모른다. 또한 유아기적 영재성을 지니고 있었던 일부 영재들은 그들의 영재성을 꽃피워지지 못한 채 상실해 버렸을지도 모른다.

이러한 현상이 일어나는 원인들 중 하나는 유아들의 영재성에 대한 지식이 결여된 유아 교사 또는 그들의 부모들이 유아 영재들의 빠른 발달적 진보를 제대로 알아차리지 못하였거나, 이러한 발달에 적절한 반응을 하기위한 전문적인 훈련을 받지 못했기 때문이라고 볼 수 있다. 또 다른 이유는 많은 교사나 부모들이 유아기에 나타내는 징후들이 매우 불안정적인 것이어서 단지 일시적인 징후인지 성장한 이후에도 계속 나타날 것인지 그 여부에 대하여 회의적으로 생각하고 있기 때문이다. 이러한 상황 때문에 우리는 가능성이 있는 유아들을 영재로 교육할 수 있는 소중한 기회를 놓치게 된다. 따라서 유아 교사나 부모들이 유아 영재들에게 나타나는 영재성의 의미와 특징을 이해하는 것이 무엇보다도 중요하다.

1. 유아 영재들은 무엇이 다른가?

유아 영재란 일반적으로 어떤 분야에서든지 간에 의미심장하게 탁월한 능력을 보여주는 유아나 또래 유아들보다 훨씬 빠르게 발달하는 유아들이라고 정의할 수 있다. 이러한 유아영재들이 그들의 재능분야에서 적절한 훈련을 받게 된다면 그렇지 않은 경우보다 비약적으로 성장할 수 있을 것이다. 유아 영재들의 일반적인 특징은 말하기와 읽기를 다른 아이들에 비해 일찍 시작한다는 것이다. 최근에 발표된 유아 영재연구(Hoh, 2005)에 의하면 유아 영재들은 언어적 발달이 매우 빠른 편이었다. Gross(2004)도 유아 영재들은 대부분 말하기와 읽기를 일찍 시작하였다는 사실을 발견하였다.

그러나 대부분의 부모들은 자신의 아이가 뭔가 남다르다고 느끼더라도 대개는 '과연 내 아이가 영재일까?'라는 의구심을 갖기 마련이다. 자신의 아이의 특별한 능력을 과소평가하게 되는 이유 중 하나는 유아 영재들에게 나타나는 발달의 '비동시성'때문이다.

발달의 비동시성이란 발달과정에 있어 각각의 영역이 다르게 발달하는 경향을 말한다. 예를 들면, 어떤 아이가 인지적 발달수준은 동일 연령의 다른 아이들에 비해 탁월하게 높은데 비해 정서적 통제나 운동기능의 발달수준은 그렇지 못한 경우가 이에 해당된다. 이러한 현상은 영재성 연구의 초기부터 발견되어져 왔다(Hollingworth, 1931; Terman, 1931). 또한 유아의 연령이 어릴수록 영역간의 발달수준의 불일치는 더욱 큰 것으로 나타났다(Silverman, 2002). 따라서 자신의 아이가 다른 아이보다 뭔가 특별한 능력을 가지고 있다고 생각되면 일시적인 현상이라고 간과할 것이 아니라 아이의 행동특성 전반에 대해 관심 있게 관찰하고 전문가로부터 자문을 받아 아이가 가진 영재성을 꽃피울 수 있도록 지원할 필요가 있다.

2. 성공한 영재들은 유아기에 특별한 경험을 하는가?

다음의 몇몇 연구들은 저명한 성인 또는 아동 영재들을 대상으로 하여, 그들이 성장하는 과정에서 유아기 시절에 가정에서 어떤 경험을 했는지에 관해 회고한 자료를 분석한 결과, 성공한 영재들은 유아기에 대부분 가족으로부터의 효과적인 지원을 경험하였다고 기억하고 있었다.

▷ Olszewski, Kulieke, 그리고 Buescher(1987), Olszewski(2002)의 연구

- ✧저명한 성인 영재들을 대상으로 하여 전기문 형식으로 그들의 유아기 시절을 회고해 보게 한 연구결과
- ✧자신의 능력에 관한 성취를 위해 가족으로부터 자기신뢰감, 독립심, 자기주도성, 창의성을 기를 수 있도록 격려와 지지를 받았다고 보고함

▷ Gross(2004): 8세 이하에 영재로 판별된 호주의 아동들에 관한 종단 연구 결과

- ✧학교에서 학업적인 면으로 뿐만 아니라 사회적인 면으로도 또래아동보다 성공적인 아이들을 대상으로 한 연구
- ✧부모들의 적극적인 교육적 참여: 읽기, 놀기, 리듬타기, 노래하기, 재미있는 곳에 견학가기 등의 활동을 하는데 유아들과 많은 시간을 보냄

▷ Oxford, Spieker, 그리고 Robinson(2006)의 종단연구결과

- ✧8세에 영재로 판명된 20명의 아이들을 포함한 107명의 캘리포니아 중류층 집단을 대상으로 초기 유아기의 환경 조사 결과
- ✧사회적 계층, 부모의 교육정도, 직업지위에 있어 차이가 있었음

✧양육태도: 온정적임
✧장난감, 게임, 제공된 물체, 언어적 자극이 풍부하였음
✧자존감을 북돋아주었음
✧부모의 관심, 가족참여가 많았음

또한, 영재아들의 부모들은 자신의 아이가 다른 아이들과 비교했을 때 조숙하거나 어떤 특정분야의 기술이 빠르게 발달한다는 것을 잘 발견한다. 예를 들어, Washington 대학교의 Robinson 센터의 초대에 응해준 부모들의 유아를 대상으로 연구한 결과, 부모가 유아인 자자녀의 영재성을 발견한다는 사실을 확인할 수 있었다. 즉, 부모의 추천 방법이 유아 영재를 발견하는데 타당성이 있다는 점을 알 수 있었다(Robinson, 2005).

3. 조기입학은 최선의 선택일까?

모든 면에서 뛰어난 수행을 보이는 취학 전 연령의 자녀를 생활연령이 같은 또래 아이들과 똑같이 초등학교에 입학시키는 것이 좋은지 좀 더 어린 나이에라도 학교를 조기에 입학시키는 것이 좋은지에 관해 고민하는 부모들이 있을 것이다.

유아 영재들의 조기입학을 찬성하는 입장에서의 연구들(Robinson, 2004; Colangelo, Assouline, & Gross, 2004)은 조기 입학은 가장 생산적인 속진학습의 한 형태이며 비용도 저렴하여 부모들에게 경제적인 부담을 덜어주고, 또한 기존의 학생들이 학문적으로 앞선 아동들로부터 적절한 자극을 제공받을 수 있다는 점을 강조한다. 그러나 이러한 연구결과만을 전적으로 신뢰하여 성급하게 의사결정을 하게 된다면 불행한 결과를 초래할 수도 있다.

유아 영재들의 조기입학 문제를 결정하는 데는 신중을 기할 필요가 있음을 시사하는 다음과 같은 연구 결과들도 제시되고 있다.

▷ Gagné와 Gagnier(2004), Maddux(1983)의 연구결과: 어린 유아들은 확실히 나이든 아동들에 비해 '미숙하다'고 결론지음

▷ Obrzut, Nelson, 그리고 Obrzut(1984), Proctor, Black, 그리고 Feldhusen(1986), Rankin과 Vialle(1996), Robinson(2004), Rogers(2002)의 연구결과: 조기 입학이 학문적인 면에서는 매우 긍정적인 결과를 보이지만, 아이들의 사회-정서적인 면의 발달에 있어서는 다른 일반 아동들의 성장 정도와 별 차이가 없었음

▷ Gagné과 Gagnier(2004), Hobson(1963), Worcester(1956)의 연구결과: 남아의 경우는 조기입학이 약간 더 위험부담이 있을 수 있음

유아 영재의 조기입학 문제는 민감기에 해당하는 생애 초기에 결정을 하게 되므로 조기입학을 한 후에는 그것을 되돌리기 어려운 상황이 있을 수도 있다. 자녀의 인지적, 신체적, 정서적 발달상황, 사회적 지원체계 및 가족의 지원체계 등의 여건에 따라 최선의 선택은 다를 수 있다. 따라서 여러 가지 상황들을 체계적으로 분석하고 전문가의 조언을 종합하여 신중하게 결정하는 것이 바람직할 것이다.

참/고/문/헌

이경화, 박숙희(2004). 유아영재교육, 서울: 동문사.

이경화, 최병연, 박숙희 역(2005). 영재교육, 서울: 박학사.

이신동, 이정규, 박춘성(2009). 최신영재교육학개론, 서울: 학지사.

Bloom, B. S., & Sosniak, L. A.(1981). Talent development vs. schooling. *Educational Leadership*, 39, 86-94.

Coleman, L. J., & Cross, T. L.(2000). Social-emotional development and the personal experience of giftedness. In K. A. Heller, F. J. Monks, R. J. Sternberg, & R. F. Subotnik(Eds.), *International handbook of giftedness and talent* (2nd ed., pp. 203-212). NY: Elsevier.

Cohn, S. J.(1977). *A model for a pluralistic view of giftedness and talent.* Unpublished paper prepared for the United States Office of Education.

Cohn, S. J.(1981). What is giftedness? A multidimensional approach. In A. H. Kramer(Ed.), *Gifted children: Challenging their potential.* NY: Trillium Press.

Colangelo, N., Assouline, S. G., & Gross, M. U. M.(2004). *A nation deceived: How scholls holdback America's brightest students* (Vol. 1). Iowa City, IA: The Connie Belin & Jacqueline N. Blank International Center for Gifted Education and Talent Development.

Cox, J., Daniel, N., & & Boston, B. A.(1985). *Educating able learners: Programs and promising practices.* Austin: University of Texas Press.

Davis, G. A. & Rimm, S. B.(1985). *Education of the Gifted and*

Talented, NJ: Printice-Hall.

Davis, G. A. & Rimm, S. B.(2004). *Education of the Gifted and Talented*, Boston: Allyn and Bacon.

Gardner, H.(1983). *Frames of mind: The theory in multiple intelligences*. NY: Basic Books.

Gardner, H.(1993). *Multiple Intelligence*(2nd ed.). NY: Basic Books.

Gagné, F.(1985). Giftedness and talent: Reexamining a reexamination of the definitions. *Gifted Child Quarterly, 29*, 103-112.

Gagné, F.(2000). Understanding the complex choreography of talent development through DMGT-based analysis. In L. A. Heller, F. J. Monks, R. J. Sternber, & R. F. Subotnik (Eds.), *International handbook of giftedness and talent*(2nd ed., pp. 67-79). NY: Elsevier.

Gagné, F., & Gagnier, N.(2004). The socio-affective and academic impact of early entrance to school. *Roeper Review, 26*, 128-138.

Gross, M. U. M.(2004). *Exceptionally gifted children*(2nd ed.). London: Routledge Falmer.

Hobson, J. R.(1963). High school performance of underage pupils initially admitted to kindergarten on the basis of physical and psychological examinations. *Educational and Psychological Measerement, 23*, 159-170.

Hoh, P. S.(2005). The linguistic advantage of the intellectually gifted child: An empirical study of spontaneous speech. *Roeper Review, 27*, 178-185.

Hollingworth, L. S.(1931). The child of very superior intelligence as a special problem in social adjustment. *Mental Hygiene, 15(1)*, 1-16.

Kulik, J. A.(1992). *An analysis of the research on ability grouping; Historical and contemporary perspectives*. Storrs, CT: National

Research Center on the Gifted and Talented.

Kulik, J. A.(2003). Graouping and tracking in N. Colangelo & G. A. Davis(Eds.), *Handbook of gifted education*(3rd ed., pp. 268-281). Boston: Allyn T Bacon.

Maddux, C. D.(1983). Early school entry for the gifted: New evidence and concerns. *Roeper Review, 5(3)*, 15-17.

Marland, S. P., Jr.(1972). *Education of the gifted and talented, Volume 1. Report to the Congress of the United States by the U. S. Commissioner of Education.* Washington, DC: U. S. Government Printing Office.

Oakes, J.(1985). *Keeping track.* New Have: Yale University Press.

Obrzut, A., Nelson, R. B., & Obrzut, J. E.(1984). Early school entrance for intellectually superior children: An analysis. *Psychology in the schools, 21*, 71-77.

Olszewski, P., Kulieke, M., & Buescher, T.(1987). The influence of the family environment on the development of talent: A literature review. *Journal for the education of the Gifted, 11*, 6-28.

Olszewski, P.(2002). Parenting practices that promote talent development, creativity, and optimal adjustment. In M. Neihard, S. M. Reis, N. M. Robinson, & S. M. Moon (Eds.), *The social and emotional development of gifted children: What do we know?*(pp. 205-212). Waco, TX: Prufrock Press.

Oxford, M., Spieker, S., & Robinson, N. M.(2006). Preschool antecedents of hihg ability and academic achievement: Findings from the NICHD Study of Early Child Care and Youth Development. Unpublished manuscript.

Passow, A. H.(1981). The nature of giftedness and talent. *Gifted Child Quarterly, 25*, 5-10.

Proctor, T. B., Black, K. N., & Feldhusen, J. F.(1986). Early admission of selected children to elementary school: A review of the research literature. *Journal of Educational Research, 80*, 70-76.

Rankin, F., & Vialle, W.(1996). Early entry: A policy in search of practice. *Australian Journal of Early Childhood, 21*, 6-11.

Renzulli, J. S.(1978). What makes giftedness? Reexamining a definition. *Phi Delta kappan, 60*, 180-184.

Renzulli, J. S.(1986). The three-ring conception of giftedness: A developmental model for creative productivity. In R. J. Sternberg & J. E. Davidson(Eds.), *Conceptions of Giftedness* (pp. 53-92). Cambridge University Press.

Renzulli, J. S.(1991). The National Research Center on the Gifted and Talented: The dream, d and sign, and the destination. *Gifted Child Quarterly, 35*, 73-80.

Renzulli, J. S., & Reis, S. M.(2003). The schoolwide enrichment model: Developing creative and productive giftedness. In N. Colangelo & G. A. Davis(Eds.), Handbook of gifted education (3rd ed., pp. 184-203). Boston: Allyn & Bacon.

Reis, S. M., Westberg, K., Kulilovich, J., Caillard, F., Hevert, T., Purcell, J., & Smist, J.(1992). Modifying regular classroom instruction with curriculum compacting, In J. S. Renzulli (Chair), *Regular classroom practices with gifted students: Findings from the national Research Center on the Gifted and Talented.* Symposium conducted at the meeting of the American Educational Research Association, San Francisco.

Rimm, S. B.(1997). Underachievement syndrome: A national epidemic. In N. Colangelo & G. A. Davis(Eds.), Handbook of gifted education(2nd ed., pp. 416-434). Boston: Allyn & Bacon.

Robinson, N. M.(2004). Effects of academic acceleration on the social-emotional status of gifted students. In Colangelo, N.,

Assouline, S. G., & Gross, M. U. M.(2004). *A nation deceived: How scholls holdback America's brightest students* (Vol. 2, pp. 59-67). Iowa City, IA: The Connie Belin & Jacqueline N. Blank International Center for Gifted Education and Talent Development.

Robinson, N. M.(2005). In defense of a psychometric approach to the definition of academic giftedness: A conservative view from a die-hard liberal. In R. J. Sternberg & J. E. Davidson (Eds.), *Conceptions of giftedness*(2nd ed., pp. 280-294). NY: Cambridge University Press.

Rogers, K. B.(2002). Effects of acceleration on gifted learners. In M. Neihard, S. M. Reis, N. M. Robinson, & S. M. Moon (Eds.), *The social and emotional development of gifted children: What do we know?*(pp. 3-12). Waco, TX: Prufrock Press.

Silverman, L. K.(2002). Asynchronous development. In M. Neihard, S. M. Reis, N. M. Robinson, & S. M. Moon(Eds.), *The social and emotional development of gifted children: What do we know?*(pp. 31-37). Waco, TX: Prufrock Press.

Sternberg, R. J.(1996). The sound of silence: A nation responds to its gifted. Roeper Review, 18, 168-172.

Terman, L. M.(1931). The gifted child. In C. Murchison(Ed.), A handbook of child psychology(pp. 568-584). NY:Wiley.

Treffinger, D. J., & Renzulli, J. S.(1986). Giftedness as potential for creative productivity: Transcending IQ scores. *Roeper Review, 8(3)*, 150-154.

Whitmore, J. R.(1980). *Giftedness, conflict, and underachievement*. Needham Heights, MA: Allyn and Bacon.

Worcester, D. A.(1956). *The education of children of above-average mentality*. Lincoln, NE:University of Nebraska Press.

제 2 장

영재의 행동과 인지적 특성

제1절 영재들의 행동 특성

제2절 영재성을 구성하는 인지적 특성들

제2장
영재의 행동과 인지적 특성

제2장
영재의 행동과 인지적 특성

특별한 교육적 접근을 필요로 하는 집단 중의 하나가 흔히 간과하기 쉬운 우수아(gifted)와 재능아(talented)들이다. 한때 똑똑하고 재능 있는 학생들에게 윤택한 교육환경을 제공하는 것은 비민주적이고 엘리트주의적인 것으로 생각한 적도 있었지만, 오늘날에는 이에 대한 인식이 많이 개선되어 우수 학생에 대한 자원의 투자를 수용하는 어느 정도의 사회적 합의가 이루어져 있다.

우리나라는 2000년 영재교육진흥법과 2002년 영재교육진흥법 시행령의 공포를 통하여 영재교육에 대한 제도적 정비와 더불어 영재교육프로그램 개발, 영재교육기관 확충 등 영재교육에 대한 정부의 투자를 늘려가고 있다.

제1절 영재들의 행동 특성

영재성은 다양한 형태로 나타난다. 어떤 영재는 평균보다 약간 우수할 수도 있고, 어떤 영재는 매우 보기 드물 정도로 뛰어날 수도 있다. 또한 어떤 영재는 한 가지 분야에만 영재성이 있는 반면, 다른 영재는 거의 모든 분야에서 뛰어난 능력을 가지고 있을 수도 있다. 이처럼 다양한 영재성이 발휘되기 위해서는 환경과 개인의 특성이 적절하게 상호작용하여야 한다. 뛰어난 성취에 유리한 성격적 특성에 대해서 Gagné(1993: 68-69)는 자아효능감, 자아존중감, 자율적인 학습 태도, 높은 동기(흥미 · 집중력 · 주도적 태도) 등을 포함시켰고, Ziegler와 Heller(2000)는 실패를 극복하기, 높은 성취

동기, 스트레스 이겨내기, 학습전략을 알고 사용하기, 자아효능감, 자기 통제하기 등을 특성에 포함시키고 있다. 그런가 하면 Piirto(2004)는 세계적 수준의 창의적인 사람들의 성격적 특성에 관한 다양한 연구를 분석한 결과 그들은 공통적으로 양성성, 상상력, 통찰력, 개방성, 민감성, 끈기, 융통성, 모험하기, 자아효능감, 애매모호한 상황에 대한 참을성, 의지 등과 같은 성격적 특성을 가지고 있었다고 주장하였다.

Winner(1996)는 영재성의 계발에 관한 여러 연구를 분석한 결과 성격적 특성은 한 개인의 성공에서 지능보다 더 중요하다는 결론을 내렸다. 이러한 유리한 성격적 특성을 요약해보면 본인이 해낼 수 있다는 자신감과 자아효능감을 바탕으로, 주도적이며 자율적으로 자신을 통제하면서 문제해결이 어렵거나 실패를 하는 경우에도 이를 잘 극복해내는 것이다. 또한, 영재는 유리한 학습전략을 사용하여 연습, 훈련, 경험을 쌓아가는 경향이 있기 때문에 학습에서 뛰어난 성취를 할 수 있게 된다.

영재의 행동 특성은 크게 인지적 영역의 특성과 정의적 영역의 특성으로 나누어 볼 수 있는데, 인지적 영역의 특성은 지적 특성, 창의적 특성, 학습 특성으로 구분할 수 있다.

첫째, 지적특성의 영재는 풍부한 어휘력과 탁월한 지적능력을 가지고 있고 높은 학업성취도를 나타내며 학습 진도가 빠르고 뚜렷한 과학 적성을 보인다(홍창기, 1988: 72-74). 이들 특성의 영재는 이해가 빠르고 높은 수준의 어휘력과 언어적인 표현이 유창하고 풍부한 지식을 보유하고 있으며, 비상한 기억력과 뛰어난 사고력, 그리고 학습능력을 갖고 있다.

둘째, 창의적 특성의 영재는 주어진 문제나 인식된 문제에 대해 통찰력을 동원하여 문제를 해결하는 방법이 다양하며 복잡한 문제에 대해서 여러 가지 상이한 대안의 제시와 접근법을 이용한다. 또한, 의지력과 집착성을 보이고 뛰어난 상상력과 관찰력을 가지고 있으며 정서적으로는 민감하고 호기심이 많은 특성이 있다. 또한 영재들은 독창성이 뛰어나고 융통성, 개방성에서 특히 우수하다(조남연, 1981). 즉, 영재들은 자신과 주위의 사물이나 아이디어, 상황 또는 문제에 대한 호기심이 많으며 지적 유희나 환상, 상상을 즐기고 정서적으로 민감한 반응을 보이며 뛰어난 관찰력을 갖고 있는 것이다.

셋째, 학습특성의 영재는 비상한 기억력과 뛰어난 학습능력을 갖추고 있다. 이들은 논리적이고 비판적으로 사고를 하고 추상적이고 상징적인 사고를 즐기며 문제 해결 능력이 탁월하다(문성운, 2000). 또한, 추상화, 개념화, 종합화 능력이 잘 발달되어 있으며 원인과 결과의 관계를 쉽게 이해한다. 질문 태도나 정보 탐색에 내면적 가치를 중시하기도 하며 지적인 활동에 큰 즐거움을 느끼고 비판적이며 평가를 잘하는 특성을 갖고 있다.

영재는 보통의 학생들과는 상이한 여러 가지 속성들을 지니고 있다. 탁월한 지적 능력과 자신이 관심 있는 일에 강인한 집착력을 보이며 지적 탐구에 대한 호기심이 대단히 높고 비판적이다. 복잡한 과제를 선호하며 문제해결에 대한 창의적인 아이디어를 산출하고 조직하고 평가하는 능력이 뛰어나다. 또한 영재는 자신감과 책임감이 강하며 정신적으로 건강하고 매우 강한 성취 욕구와 자신을 비롯한 가정 및 사회에 대하여 긍정적인 태도를 지니고 있다.

일반적으로 영재학생은 일반학생과 비교했을 때 양적, 질적으로 다른 심리적 특성을 지니고 있다. 〈표 2-1〉은 영재의 지적 행동특성이 긍정적으로 또는 부정적으로 나타날 수 있음을 보여준다(박성익, 조석희, 김홍원, 이지현, 윤여홍, 진석언, 한기순, 2004: 75-102).

영재들은 보통 학생들보다 사회적 규칙이나 규범을 더 잘 지키고, 높은 자아개념을 가지며, 자신의 능력과 수준에 맞게 자아실현과 성취를 더해간다(Pufal-Struzik, 1999). 이런 이유로 교사들은 영재들에게 상담이나 특별한 도움이 필요하다고 생각하지 않는 경향이 있다. 하지만 영재들은 사회적 거부, 외톨이라는 느낌, 다르다는

〈표 2-1〉 영재의 지적 특성과 행동 특성

영재의 지적 특성	긍정적인 행동 특성	발생 가능한 부정적인 행동 특성
높은 지적 호기심	정보습득이 빠르고, 호기심과 궁금증이 많음, 진지하고 질문이 많음, 풍부한 양의 정보를 보유함, 다양한 책을 읽음.	과다한 질문과 의욕이 넘쳐 지시에 따르기를 거부함, 인내심 부족, 정규 학교생활을 지루해 함.
발달된 언어능력	어휘력 풍부, 앞선 정보력, 유머감각, 앞선 언어발달, 높은 어휘수준, 책을 많이 읽음, 유머감각.	학교나 또래와 맞지 않는 언어사용으로 의사소통이나 대인관계 어려움, 잘난 체, 따지거나 논쟁함, 장황한 핑계.
높은 창의성	상상력 풍부, 창의성, 새로운 발명과 방식 추구, 독특함, 자기 해석과 스타일 추구, 아이디어나 해결책 내기를 즐김, 심리적이고 예술적 감각이 풍부함.	복잡한 규칙 설정으로 친구들 기피, 파괴적이거나 보조를 깨뜨리는 것으로 보임, 반복학습과 연습기피, 동조하지 않음.
우수한 사고능력	사고력 우수, 사고 과정이 빠르고 판단력과 문제해결 즐김, 추상화 및 종합능력 우수, 원인 · 결과 관계 파악, 사물과 사람을 조직화시킴, 도전적, 논리적임.	단순연습기피, 전통적 교수 학습 방법 거부, 자세하거나 세부적인 것 놓침, 지나치게 복잡하게 생각하는 경향, 불분명하거나 비논리적인 것 따짐, 논쟁적임.
높은 주의집중 능력	흥미영역 지속, 복잡함 속에서도 자기 일에 몰두, 선택적 주의집중 우수, 목표지향 행동.	하던 일을 멈추지 못함, 타인에 대한 관심 부족, 일상생활의 일들에 무관심, 제안 된 시간을 넘김, 자기 일에만 몰두.

느낌, 심지어는 이 세상 사람이 아닌 것 같다는 생각이나 심각한 우울증, 변화 하지 않은 학교생활에 대한 지루함, 무관심, 좌절, 강박적이고 신경증적인 완벽주의, 스트레스, 식이 장애 등의 문제를 경험하기도 한다. 이에 따라 교사나 학부모들은 영재들이 보여주는 다양한 지적, 정의적 특성에 민감하게 반응할 수 있는 안목을 길러, 영재학생들이 심리적인 어려움과 문제를 극복하면서 자신의 영재성을 최대한 발휘 할 수 있도록 도움을 주어야 한다.

제2절 영재성을 구성하는 인지적 특성들

영재성을 구성하는 요소들은 인지적 요소, 정의적 요소, 그리고 감각운동적 요소 등 다양하지만 여기에서는 인지적 요소인 창의성, 지능, 지식을 중심으로 살펴보고자 한다.

1. 창의성

1950년 Guilford가 미국 심리학회 회장 취임연설에서 행한 창의성 교육과 연구의 부족에 대한 지적은 창의성에 대한 많은 연구와 관심을 촉발하는 계기가 되었다. 그러나 창의성은 학자들마다 다양하게 정의되고 있어서 통일된 개념을 찾기가 어려우며, 창의적인 과정이 비언어적이고 무의식적인 경우도 있기 때문에 통일된 개념을 형성하기 어려운 측면이 있다(김재은, 1991).

20세기 이전에는 창의성을 소수만이 갖는 선천적인 특수능력으로 간주하였으나, 1920년대 이후로 게슈탈트(Gestalt) 학파의 한 사람인 Wertheimer가 Einstein의 창의적 사고를 연구하면서 물리학에서 그가 이룬 발견의 중요한 방법을 '재구성(reconstruction)'이라고 결론짓고 재구성을 창의적 문제해결의 기본으로 보았다. 물론 Gestalt 학파는 지식이 정신 속에서 어떻게 나타나는가와 지식이 시간이 지남에 따라 어떻게 변화하는가에 대한 구체적인 설명을 하지 못한 한계가 있었다(K. Dunbar, 1999).

창의성의 개념정립은 주로 인지적인 접근에 의하여 나타나기 시작하였다. Sternberg(1994)는 창의성을 무엇인가 새롭고, 문제상황에 적절한 것을 만들어 낼 수 있는 능력으로 보았으며, Urban (1995)은 주어진 또는 감지된 문제로부터 통찰력을 동원하여 새롭고, 신기하고, 독창적인 산출물을 만드는 능력으로 정의한다. 임선하(1996)는 창의성을 '새로움에 이르게 하는 개인의 사고관련 특성'이라고 정의하면서 '창의성=f(성향, 경험, 기능, 지식)'이라는 C=f (DESK) 공식을 발표하였다.

이와 같이 창의성에 대한 정의는 학자들마다 다양하나 대부분의 정의가 갖고 있는 공통점은 인간의 내면적인 부분과 환경적인 상황, 그리고 인지적인 부분과 정의적인 부분이 복합적으로 상호작용하는 구조로 이루어져 있다는 것이다. 보통 창의성은 문제에 대하여 새롭고(novel), 유용한(appropriate) 것을 생성해 낼 수 있는 개인의 능력(최인수, 1998a)으로 정의되는데, 여기에 생성된 아이디어에 대하여 일상적이고 관습적인 사고과정에서 벗어나 보다 유용한 아이디어가 되게 하는 정의적인 태도와 성향의 복합이 창의성이라고 볼 수 있다. 이 정의를 중심으로 분석해 보면 창의성은 다음과 같은 특성을 갖는다.

창의성에 있어서 가장 중요한 특성인 새로움(novelty)은 무엇을 의미하는가. 약간 변형된 것부터 완전히 혁신적인 것까지 모두를 새로운 것으로 보아야 하는가. 이에 대하여 Boden은 창의성을 심리적 창의성과 역사적 창의성으로 구분하여 설명하고 있다. 심리적 창의성에 관심을 가지고 있는 사람들은 개인에게 있어 새롭고 독창적인 것이면 사회적 평가나 그 아이디어가 기존에 존재하는가에 상관없이 창의적이라고 주장한다. 반면에 역사적 창의성에 관심을 가진 사람들은 어떤 아이디어나 산출물이 창의적이라고 인정을 받기 위해서는 아이디어나 발견들이 사회적 평가를 거쳐서 그 타당성을 인정받아야 한다고 주장한다. 즉 에디슨의 전구발명처럼 최초인 동시에 그 결과물을 통하여 사람들이 혜택을 받아야 창의적이라고 말할 수 있다는 것이다(최인수, 1998a). Weisberg(1993)는 창의성이 본질적으로 비일상적 산물을 산출하는 일상적 인지과정이라고 제안하면서, 통찰이라는 것은 기억 속에 이미 저장되어 있는 지식을 적용하는 관습적인 인지과정을 사용하는 것으로 한 개인에 따라 달라진다고 보았다.

창의성의 두 번째 특성인 유용함(appropriateness)을 정의하는 데에는 누구에게, 무엇보다 적절한가에 대한 평가의 문제를 안고 있다. 이런 점에서 유용함은 그것을 판단하는 평가자가 속한 사회문화적 맥락에 따라 달라질 수 있다(최인수, 1998a).

이와 같이 희귀하고 유용한 아이디어를 생산해내는 측면이 창의성의 지적인 측면이라고 한다면, 다소 위험부담이 있더라도 실패를 두려워하지 않고 관심분야에 집중하여 생각하고 행동하려는 성향은 창의성의 정의적인 측면이라고 볼 수 있다(Torrance et al., 1992).

최근에는 특정분야에서의 실제문제를 해결하는 과정이나 만들어낸 작품을 평가함으로써 각 분야별 창의성을 측정하는 것이 더 타당하다고 보는 학자들이 늘고 있다. 더 나아가 창의성은 일반적인 지식과 기능, 특정 영역의 지식과 사고 기능, 성취동기, 애매함에 대한 인내심과 개방성, 과제에 대한 집착력, 발산적 사고 등의 여섯 가지가 동시에 복합적으로 작용하여 나타나는 심리적인 특성이라고 보는 복합 창의성이론(Urban, 1995)이 보다 많은 호응을 얻고 있다. 이 역시 창의성에 대한 다원적 측면의 이해를 위한 노력이라고 볼 수 있다.

Guilford 이후 오늘날까지 창의성과 관련된 연구들의 흐름을 정리하여 보면, 시대별로 과정과 평가 측면에서 〈표 2-2〉와 같이 3부분으로 나누어 볼 수 있다(Treffinger, Sotore, Cross Jr., 1993).

〈표 2-2〉 창의성 연구의 변천

시대	과정에 대한 이해	평가에 대한 이해
1950 - 1960년대	• 확산적 사고에 초점 • 창의성=확산적 사고	• 창의적 인물의 특성과 성격연구 • 확산적 사고 검사지 출현
1970 - 1980년대	• 교육용 패키지와 프로그램 개발 • 창의적 사고와 비판적 사고의 균형	• 다원적 준거를 사용 • 창의성 수준과 스타일에 대한 연구 • 인물과 과정을 연결시키려는 연구
1990년대 이후	• 생태학적 입장(과정의 요인적 관점에 초점): 규정적이지 않고 자연적인 것으로 봄	• 프로파일의 강조 • 다양한 특성, 과정, 과업 또는 결과에 대한 설명 고려

〈표 2-2〉를 통하여 창의성의 과정과 평가에 대한 변화의 흐름을 보면, 최근 창의성을 보다 다원적인 측면에서 보고 있음을 알 수 있다. 특히 1990년대 이후 생태학적 입장으로의 변화는 창의성의 태생적(gifted) 측면과 개발적(developed) 측면의 중요성을 동시에 보여주는 부분이다.

이렇듯 창의성은 보는 입장에 따라 다양하다. 창의성에 대한 이러한 다양한 접근은 창의성의 외연을 확장하는데 기여했지만, 창의성에 대한 명확한 개념형성을 어렵게 한 것도 사실이다. 그렇지만 종합적인 관점에서 창의성은 일반 및 특정영역에서의 지식, 기능과 같은 인지적 요소와 성취동기 및 과제집착력 같은 정의적 요소, 그리고 발산적 사고가 복합적으로 상호작용하여 새롭고 유용한 그 무엇을 산출하는 능력이다.

2. 지능

지능에 대한 연구는 Binet와 Simon이 지능검사를 고안한 이후로 활발히 진행되어 왔으며 개인의 학업적 성취와 직업적 성공을 예측하는 중요한 요소로 인식되고 있다. 1920년대 이후 지능에 대한 정의는 지능의 본질과 구조에 대한 연구가 진행됨으로써 좀 더 구체적이고 깊이 있게 변화하기 시작하였다(Gardner, Krechevsky, Sternberg, & Okagaki, 1994). 지능의 구조는 크게 Sternberg의 위계구조 입장(Sternberg, 1985)과 Guilford(1982)의 기하학적 구조로 나누어진다. 위계구조의 옹호자들은 다시 일반지능과 특수지능으로 이루어져 있다고 보는 지능 2요인 이론(two factor theory)을 제안하고 있다. 기하학적 구조의 대표적 제안자인 Guilford는 지능의 구조가 180개의 작은 입방체로 구성되어 있다고 제안한다. Guilford가 제안한 입방체 모형은 정신활동, 내용, 결과의 세 차원으로 구성되어 있고, 모든 지적활동은 이런 세 차원들과 관련되어 있다. 따라서 5가지 내용차원(시각적, 청각적, 의미적, 상징적, 행동적)이 6가지의 정신적 활동(인지, 기억저장, 기억파지, 확산적 사고, 수렴적 사고, 평가)에 의해서, 6가지 산출(단위, 유목, 관계, 체계, 변환, 함축) 중 한 가지로 나타나 지능의 구조는 5 × 6 × 6=180개의 구조가 되는 것이다.

1980년대에 이르러 지능에 대한 연구는 인지 능력 뿐만 아니라 사회 문화적 맥락을 중요시하는 이론이 제시 되었다. Gardner(1993)는 인간의 정신은 모듈별로, 즉 단원적으로 기능하기 때문에 언어, 수, 그림 및 몸짓과 같은 상징을 다루는 데 별개의 심리적 과정이 관여한다고 주장하면서 다중지능이론을 제시하였다. 그는 통계적인 기법이 아닌 경험적인 근거를 바탕으로 인간의 지능을 연구하였는데 그가 제시한 지능의 하위요소는 언어지능(언어 이해 능력), 논리-수학적 지능(수학문제 풀기, 수학적 증명, 논리적 추론), 공간지능, 음악지능, 신체-운동지능, 개인 내 지능 및 개인 간 지능, 자연이해지능이며 계속적으로 확장하고 있다.

Sternberg(1985)는 지능의 삼원지능이론(triarchic intelligence theory)을 제안하였다. 그는 지능이 분석적 능력, 창의적 능력 및 실제적 능력으로 구성되어 있으며, 각 능력이 개인이 직면하는 외부세계, 경험세계 및 내부세계를 다루는데 중요한 역할을 한다고 주장하였다. 여기에서 창의적 능력은 새로운 문제를 풀기 위해서 자신이 내부세계를 적절하게 다루면서, 새로운 것을 창조, 발명 및 설계하는 능력이고, 분석적 능력은 경험된 문제, 즉 익숙한 문제에 직면하여 문제의 요소들을 분석, 비교 및 평가하는 능력이다. 또한 실제적 능력은 외부세계를 다루면서 우리가 아는 것을 응용, 사용 및 활용하는 능력이라고 하였다. Sternberg는 지능을 완전히 이해하기 위해서는 지능의 근원으로 개인, 행동 및 맥락을 모두 고려해야 한다고 보았다.

Sternberg는 삼원지능이론에 기초하여 성공지능을 새롭게 정의하고 있다. 그는 '성공지능이란 분석적, 창의적, 실천적 능력들 사이의 균형을 통해 자신의 강점을 인식 및 활용하고, 약점을 개선 및 보완함으로써 환경에 적응, 또는 그것을 조성, 선택하여 사회문화적 맥락과 개인의 기준 내에서, 성공을 달성할 수 있는 능력'이라고 정의한다(문용린 · 강민수, 2004).

지능이 학업적 성취와 직업적 성공을 예측하는 요소임에도 불구하고 창의적 생산성에 순기능적으로 작용하는가에 대해서는 논란이 있다. Simonton(1996)은 어떤 영역의 규칙과 기능을 숙달하고 철저히 따르지만 그 이상은 넘어서지 않는 사람을 '표준적 전문가'[1]로서 설명하고, 기존 규칙을 따를 뿐만 아니라 새로운 규칙을 생성하는 사람을 '창의적 전문가'로 규정하고 있다.

Renzulli는 학업영재성과 창의/생산적 영재성을 구분하여 설명하고 있는데, 학업영재성이 높은 사람은 일반적으로 전통적인 인지검사에서 점수를 잘 받고 학교생활을 잘 수행해 나간다. 반면에 창의/생산적 영재성은 높은 수준의 창의성을 갖고 있어 지식, 자료의 생산자로서의 역할을 하며 귀납적이고 통합적이며, 문제지향적인 경향이 있는 사고를 한다. Renzulli는 이 두 유형의 영재성이 동시에 계발 되어야 하며 이들이 서로 상호작용하여 영재성이 발현된다고 주장한다(이화국외 역, 2003).

3. 창의성과 지능의 관계

지능이론의 발달과 함께 지능과 창의성간의 관련성은 오랜 시간 동안 많은 심리학자들의 관심을 받아왔다. 일반적으로 창의성과 지능의 관계에 관한 문제는 창의성이 지능의 일반적 요인과 독립적이지 않다는 것, 지능은 창의성의 필요조건이지 충분조건은 아니라는

---

1) Sternberg는 이를 '분석적 지능'으로 보고 창조적 기여가 어렵다고 보았다. 창의성과 관련하여서도 Mansfield와 Bussse(1981)는 창의성을 산물의 수준에 따라 아마추어 창의성과 전문적 창의성으로 구분할 것을 제안하였고, 최일호와 최인수는 상식적 창의성과 전문적 창의성으로 구분할 것을 제안하고 있다(최일호 · 최인수, 2001).

것(Rossiman & Horn, 1972; 조정기, 1989), 창의성은 뚜렷한 정신기능의 범주로서 사용되는 과정과 그것을 나타내는 개인들의 특성에서 지능과 제한적으로 중복되어 있다는 것 등이 다루어 졌다(Haensly & Reynolds, 1986). 지능이 높은 사람이 반드시 높은 창의성을 갖는가에 대한 논쟁으로 이들 양자간의 관계를 입증하려는 연구가 계속되었다. 그러나 최근에는 창의성과 지능과의 단순한 상관에 관한 관심을 두기보다는 지능과의 관계 속에서 창의성이 발현되는 동기, 상황과 환경의 영향에 대한 중요성을 강조함으로써 지능과의 관계는 더욱 복잡해졌으며, 보다 폭넓은 요인들을 고려하게 되었다.

Sternberg와 O'Hara(1999)는 기존의 연구물을 창의성과 지능과의 관계에 따라 독립적 관계, 중첩적 관계, 포섭적 관계모형으로 분류하였다. 독립적 관계는 지능과 창의성이 관련성이 없다는 것을 의미하며, 중첩적 관계는 지능과 창의성이 제한된 공통성을 갖고 있지만 각기 다른 범주에 속한다는 것을 말한다. 포섭적 관계는 지능과 창의성의 본질적 속성이 하나로 환원될 수 있다는 것으로서 창의성을 지능의 한 특수한 표현으로 보았던 초기 연구자들의 입장이 반영된 모형이다.

Cropley(1999)와 박병기 · 유경순(2000)은 창의성과 지능을 경쟁적이거나 배타적인 차원에서 보지 않고, 오히려 중첩적인 관계 즉, 상호 작용한다는 점을 강조한다. Cropley는 지능이나 창의성이 단독적으로 새로운 산물을 산출하기는 어렵다는 것을 지적하면서, 창의성과 지능은 동일하거나 전혀 다른 것이 아니라 상호작용하는 지적능력의 측면으로 보았다.

Lubart(1994)는 일반지능과 창의성간의 관련성에 대한 연구들의 검토를 통하여 창의적인 사람은 IQ가 평균이상(120)인 경향을 보이며, 지능과 창의성의 상관의 범위가 부적인 상관이나 0의 상관에서부터 .50까지의 상관까지 다양하게 나타났다고 보고하였다. 그렇지만 지능과 창의성과의 상관이 매우 낮은 경향으로 나타난 연구물(Barron & Harrington, 1981)까지를 고려하면, 지능과 창의성 간의 평균적 상관은 .20으로 추정되어 지능과 창의성의 관련성에 대한 일치된 결론을 도출하지 못하였다.

지능과 창의성간의 관련성에 대한 식역이론(threshold theory)을 지지하고 있는 연구물 중에서 Mackinnon(1965)은 IQ 120을, Cropley(1999)는 IQ 110을 그 기준점으로 제시하고 있다. 이러한 지능과 창의성간의 관련성에 대한 다양한 결과에 관한 설명으로서, Lubart(1994)는 일반지능이 평균 이상을 넘으면 창의성에 기여하지 못한다는 효과 감소(diminishing returns)가설과 평균이상의 지능이 창의성의 기회와 보상을 제공한다는 자격 증명(certification)가설, 그리고 모든 수준의 지능이 창의성에 공헌을 하나 높은 수준의 창의성은 지능 이외의 요인들인 인성이나 동기가 중요하다는 부가적 요인(additional components)가설 등으로 설명하고 있다.

김명숙(2001)은 창의성과 지능검사에서 측정된 능력과의 관련성에 따라 창의적 성취와 지능간의 상관이 높거나 낮게 나올 수도 있으며 변인들의 범위를 제한하여 표집 함으로써(예: IQ 120이상) 창의성과 지능간의 상관에 영향을 미칠 수 있는 가능성을 배제할 수 없다고 하였다. 그는 실제로 지능보다는 그 분야의 전문지식이 얼마나 풍부한가, 또는 과제에 대한 집중과 내적 동기가 창의적 성취를 이끄는 요인이 되는 경우가 종종 있다고 하였다. 그리고 지능보다는 창의성의 원천으로서 지식이나 동기 등의 요인이 더 설명력을 갖는다고 덧붙였다.

이와 같은 연구들은 지능이 창의성에 어느 정도의 영향을 미치나

지능 이외의 다른 요인들도 창의성에 영향을 준다는 의미로 해석할 수 있다.

4. 지식

지식(knowledge)은 책에서 얻어지는 사실과 같은 형식적이거나 또는 비형식적 지식이거나 간에 일정 분야에서 생산적인 공헌을 하기 위하여 필요하다(Lubart, 1994). Lubart(1994)는 창의성의 발현을 위한 지식의 중요성을 다음과 같이 설명하고 있다. 지식은 문제를 인식하고 문제의 본질을 이해하게 해주며, 예전의 아이디어를 적용시키고, 현재의 사고의 위치를 알려 준다. 또한, 현 사고의 아이디어로부터 벗어나 새로움을 받아들이도록 돕고, 양질의 업적을 산출하도록 도우며, 인지적 자원들을 새로운 아이디어의 과정에 집중할 수 있도록 해준다. 이와 같이 문제 해결을 위해 어느 정도의 관련지식이 필요하다는 것은 누구나 공감하는 요소이다. 특히, 전문분야에서 창의적으로 문제를 해결하기 위해서는 그 이전에 해당 분야에 대한 기초지식의 학습이 필수적이다. 아무리 타고난 재능이나 적성을 갖고 있는 사람이라도 해당 전문분야의 지식을 학습하지 않고는 그 분야에서 창의적 산물을 산출하는 것은 불가능하기 때문이다(최일호 · 최인수, 2001). 이런 면에서, 지식은 창의성의 토대가 되기도 하지만 창의성을 억제하고 제한하는 역할을 하기도 한다(최인수, 1998b; Schank, 1988; Weisberg, 1999).

지식과 문제해결 간에는 이런 촉진과 억제라는 이중적 성격을 갖는 것으로 볼 수 있는데, 지식은 왜 이런 두 가지 기능을 하는 것일까? Weisberg(1999)는 이와 관련된 논의를 토대관점(foundation view)과 긴장관점(tension view)이라는 두 가지 관점으로 설명하고 있다. 토대관점은 지식의 토대효과를 강조하는 이론으로 창조적 사고는 지식에 근거할 때 가능하다는 입장이다(Gruber, 1989; Weisberg, 1986, 1993). 이러한 토대관점을 지지하는 선행연구를 살펴보면 다음과 같다.

Bailin은 아무리 혁신적인 아이디어도 과거성과의 연계되어 있다고 주장한다. 만일 과거와 완전히 단절된 새로운 것이라면 이것은 사람들에게 이해될 수 없다는 것이다. 최인수(1998b)는 Chicago 대학의 창의성 프로젝트 연구 결과에서도 70% 이상의 뛰어난 창의적 인물들이 다양한 분야의 지식과 기술의 철저한 습득이 자신의 창의적 성취에 밑거름이 되었다고 기술하고 있다.

Urban(1995)은 지식과 창의성과의 관계에 대하여 영역 일반적 지식과 기능, 영역 특수적 지식과 기능을 강조하였다. 그는 영역 일반적 지식과 기능은 확산적 사고의 모든 하위요인들과 관련이 있다고 했다. 즉, 확산적 사고는 광범위한 인식과 일반적이며 깊은 지식과 사고 기반 위에서 가능하다는 것이다.

Hayes는 특정 전문분야에서 최고 수준에 도달하기 위해서는 최소 10년간의 학습과 경험이 필요하다는 '10년 법칙'을 제안하면서 해당 분야에 대한 긴 시간의 학습과 훈련(최일호 · 최인수, 2001)이 창의적 문제해결의 바탕이 된다고 주장한다. 위와 같이 선행연구들은 창의적 생산성에는 해당 분야에 대한 많은 지식이 필요하다는 것을 강조한다.

이에 반해, 긴장관점(tension view)은 지식은 창의적 문제해결을 제한하는 역할을 한다는 점을 강조한다. 이 이론에서는 지식과 창의성에 대해 역모양의 U 관계를 설정한다. 즉 어느 정도까지 지식은 창의적 문제해결에 긍정적으로 기여하지만, 일정 수준을 넘어가게 되면 창의적 문제해결을 저해한다는 것이다. Guilford(1950)는 창의적 사고의 핵심은 확산적 사고임을 주장하면서, 확산적 사고를 통해 사고자는 기존의 확립된 사고로부터 벗어 날 수 있다고 하였다. 창의성 훈련 프로그램을 통해 널리 알려진 de Bono(1968)는 한 분야의 지나친 경험은 창의성을 제약한다고 하였다. Schank (1988) 역시 지식은 새로운 문제에 대한 사고에 있어서 융통성을 저해하는 요소로 작용한다고 주장한다.

이와 같은 논의들은 너무 많은 관련지식이 창의적 사고를 저해한다는 주장(Sternberg & Lubart, 1996; Schank, 1988; Simonton, 1984)과 창의적 문제해결에는 많은 관련지식이 필요하다(Weisberg, 1986; 김명숙, 2002; 이정원 2004; 최일호 · 최인수, 2001)는 주장에 대한 논의로 요약 될 수 있다.

그렇지만 창의적 문제해결을 일정한 전문분야로 범위를 좁혀보면 지식의 중요성이 증가하는 것으로 보인다. 특히 우리 영재교육이 관심을 많이 갖고 있는 과학분야에서 새롭고 유용한 사고를 하기 위해서는 해당분야의 기본적인 지식에 대한 체계적인 학습이 보다 중요하다. 아무리 뛰어난 과학적 재능을 가지고 있다고 하더라도 과학의 기본적인 이론이나 사실들을 학습하지 않고서 창의적인 과학적 업적을 산출하는 것은 불가능할 것이기 때문이다. 전술한 Hayes의 전문가 10년 법칙도 결과적으로 해당분야에 대한 지식의 중요성을 강조하는 것이다.

참 / 고 / 문 / 헌

김명숙(2001). 통합적 창의성 모형의 구성. 교육심리연구, 15(3). 5-27.

김명숙(2002). 창의성의 영역 특수성. 교육심리연구, 16(2), 53-172.

김재은(1991). 천재, 그 창조성의 비밀. 서울: 교보문고.

문성운(2000). 영재의 정의적 행동 특성 분석. 석사학위논문. 건국대학교.

문용린, 강민수(2004). 성공지능 검사에 대한 경험적 타당화 연구, 교육심리연구, 18(3). 103-119.

박병기, 유경순(2000). 창의성과 지능의 관계구조. 교육심리연구, 14(2), 235-261.

박성익, 조석희, 김홍원, 이지현, 윤여홍, 진석언, 한기순(2004). 영재교육원론. 서울: 교육과학사. 75-102, 410 - 430.

이정원(2004). 창의성은 영역 특수적이다. 교육종합연구소 소식, 11. 교합교육 연구소. 7-14.

이화국, 김언주, 문정화 역(2003). 영재교육의 방법과 자료. 대교/한국교육평가센터.

임선하(1996). 독창적인 창의성 이론으로 창의성 교육에 도전한다 - DESK모형 편, 우리 창의성 연구소.

조남연(1981). 학업우수아의 학업 부진아의 심리적 특성에 관한 비교 연구. 석사학위논문. 이화여자대학교.

조정기(1989). 창의력과 지능, 흥미, 학업 성적과의 관계. 교육학 연구, 27(2), 99-113.

최인수(1998a). 창의성을 이해하기 위한 여섯 가지 질문. 한국 심리 학회지: 일반, 17(1). 25-47.

최인수(1998b). 창의적 성취와 관련된 제 요인들: 창의적 연구의 최근 모델인 체계모델(systems Model)을 중심으로, 미래유아교육학회지 5(2). 133-166.

최일호·최인수(2001). 새로운 생각은 어떻게 가능한가: 전문분야 창의성에 대한 학습모형 접근, 한국심리학회지, 20(2), 409-428.
홍창기(1988). 과학고등학교의 교육. 서울: 배영사. 72-74.

Barron, F., & Harrington, D. M.(1981). Creativity intelligence, and personality. *Annual review of psychology, 32*, Basic Books. 439-476.

Cropley, A. J.(1999). Definitions of creativity. In M. A. Runco & S. R. Pritzker. (Eds.), *Encyclopedia of creativity*. San Diego, CA: Academic Press. 511-524.

de Bono, E.(1968). *New think: The use of lateral thinking in the generations of new ideas*. New York: Basic.

Dunbar, Kevin.(1999). Science. In M. A. Runco & A. R. Pritzker (eds.), *Encyclopedia of Creativity*(pp. 525-5310. San Diego, California: Academic Press.

Gagné, F.(1993). Constructs and model pertaining to exceptional human abilities. In K. A. Heller, F. J. Monks & A. H. Passow (Eds.), *Interna tional handbook of research and development of giftedness and talent*. New York Pergaman Press. 68-69.

Gardner, H.(1993). *Multiple intelligences: The theory in practice*. NY: Basic Books. 〔김명희·이경희 역(1998). 다중지능의 이론과 실제. 서울: 양서원.〕

Gardner, H., Krechevsky, M., Sternberg, R. J., & Okagaki, L. (1994). Intelligence in context: Enhancing students' practical intelligence for school. In K. McGilly(Ed.), *Classroom Lessons: Intergrating cognitive theory and classroom practice*. 105-127.

Gruber, H. E.(1989). The evolving systems approach to creative Work. In D. B. Wallance & H. E. Gruber (Eds.), Creative people at work: *Twelve cognitive case studies*. New York: Oxford University Press. 3-24.

Guilford, J. P.(1950). *Creativity*. American Psychologist, 5, 444-454.

Guilford, J. P.(1982). Cognitive psychology's ambiguities: Some suggested remedies. *Psychological review, 89*, 48-59.

Haensly, P. A., & Reynolds, C. R., & Nash, W. R.(1986). Giftedness: coalescence, context, conflict, and commitment. In R. J. Sternberg & J. E. Davidson (Eds.), *Conception of giftedness.* Cambridge, England: Cambridge University Press. 128-148.

Hayes, J. R.(1989). Cognitive processes in creativity. In J. A. Glover, R. R. Ronning, & C. R. Reynolds (Eds.) *Handbook of creativity.* New York: Plenum Press. 135-141.

Lubart, T. I.(1994) Creativity. In R. J. Sternberg(Ed). *Thinking and problem solving*, 289-332.

Piirto, J. (2004). *Understanding creativity.* Great Potential Press. 20(1).

Pufal-Struzik, I.(1999). Self-actualization and other personality dimension as predictors of mental health of intellectually gifted students. *Reper Review, 22*, 44-47.

Rossman, B. B., & Horn, J.(1972). Cognitive, motivational and temperamental indicant of creativity and intelligence. *Journal of educational measurement, 9(4)*, 265-286.

Schank, R. C.(1988). Creativity as a mechanical process. the nature of creativity. In R, J, Sternberg, (Ed.), *The Nature of creativity :contemporary psychological perspectives* (220-238), Cambridge University Press.

Simonton, D. K.(1984). *Genius, creativity, and leadership.* Cambridge, MA: Harvard university Press.

Simonton, D. K.(1996). Creative expertise: A life-span developmental perspective. In K. A. Ericsson (Ed.), The road to excellence: *The acquisition of expert performance in the arts, and sciences, sports, and games* (pp. 227-253). Mahwah, NJ: Lawrence Erlbaum Associates.

Sternberg, R. J.(1985). A three-facet model of creativity. In R. J.

Sternberg, (ED.), *The Nature of Creative: contemporary psychological perspective*. Cambridge University Press. 125-147.

Sternberg, R. J.(1994). *Thinking and problem solving*. San Diego, CA: Academic Press.

Sternberg, R. J., & Lubart, T. I.(1996). Creative giftedness: A multivariate investment approach. *Gifted Chifted Child Quarterly, 37(1)*, 7-15.

Torrance, E. P., Ball, O., & Safer. T.(1992). Torrance Test of Creative Thinking; Sreamlined Scoring Guide Figural A and B. Bensenville. IL: Scholastic Testing Service.

Treffinger, D. J., Sotore, M. R. Cross, Jr., J. A.(1993). Programs and Strategies for Nurturing Creativity, Heller K. A., Mönks F. Z., Passow A. H.(eds.)(1993). *International Handbook of Research and Development Giftedness and Talent*, Pergamon, 556-568.

Urban, K. K.(1995). Creativity-a component approach model. A paper presented at the 11th world conference on the education for the gifted and talented. Hong Kong: July 31-August 4.

Weisberg, R. W.(1986). *Creativity, genius, other myths*. NY: Oxford University Press.

Weisberg, R. W.(1993). *Creativity: Beyond the myth of genius*. New York: Freeman.

Weisberg, R. W.(1999). Creativity and knowledge: A challenge to theories. In R. J. Sternberg (ED.), *The handbook of creativity*. Cambridge Unversity Press. 226-250.

Winner, E.(1996). *Gifted children: Myths and realities*. New York: Basic Books.

Ziegler, A., & Heller, K.(2000). Conceptions of giftedness from a metat heoretical perspective. In K. Heller, F. Monks, R. Sternberg & R. Subotnik (Eds.), *International Handbook of Giftedness and Talent*. New York: Elsevier Science.

제 3 장

영재의 정의적 특성

제3장
영재의 정의적 특성

제3장
영재의 정의적 특성

영재들은 뛰어난 지적 능력을 가지고 있다. 그렇다면 정서적인 측면에서는 어떠할까? 그동안 영재를 연구하는 학자들 사이에서 영재의 정서적 발달에 대해 다양한 논의가 진행되어 왔다. 우선 영재들이 정서적으로 안정되어 있고, 사회성 발달도 잘 되어 있다는 입장이 있다. 또 다른 학자들은 영재가 무엇이든 잘 할 것이라고 생각하는 것은 영재에 대한 편견이라고 주장한다. 오히려 영재에 대한 그러한 과도한 기대 때문에 영재들이 정서적인 어려움을 겪게 된다는 것이다(윤여홍, 2000). 즉, 영재들이 정서적으로 긍정적인 특징을 많이 보이기도 하지만, 때로는 그들의 높은 지적 능력과 조화를 이루지 못하고 부적응적인 모습을 보이기도 한다는 것이다.

이 장에서는 영재의 정의적 특성과 관련하여 세 가지를 중심으로 설명할 것이다. 우선 여러 연구를 통해 밝혀진 영재들의 공통적인 정서적 특징을 살펴볼 것이다. 둘째, 정서적 문제로 인한 미성취 영재의 특징이 무엇이며, 부모들이 그들을 어떻게 도와줄 수 있는가에 대한 방안을 모색한다. 마지막으로, 한국의 최고 과학자와 공학자들이 가지고 있는 정서적 특징을 살펴봄으로써 어린 시절의 영재성을 지속시키고 계발시키기 위해 길러져야 할 정서적 능력의 특징을 살펴보도록 하겠다.

제1절 영재의 정의적 특성

1. 열정과 몰입

영재의 정의적 특성 중 가장 두드러진 것 중의 하나가 바로 열정과 몰입이다. 노벨상 수상자들을 대상으로 면담을 한 결과(Amabile, 1996)에 따르면, 그들은 일에 대한 열정과 과제에 대한 추진력, 그리고 몰입하는 특성을 가진 것으로 나타났다.

전직 시카고대학교 교수였던 칙센트미하이는 서양장기라고 할 수 있는 체스나 암벽등반을 하는 사람, 또는 무용가나 작곡가들은 몇 시간씩 자신이 하는 일에 빠져 들어 몰입하는 모습을 보인다고 하였다. 몰입을 하게 되면 한 곳에 정신을 쏟게 되어 자신을 잊게 되는 무아지경에 빠지게 된다. 칙센트미하이 교수에 따르면 이러한 몰입의 상태에서는 다음에 제시되는 아홉 가지의 경험을 하게 된다(전경원, 2006).

① 자신이 무엇을 해야 하는지를 명확히 인식한다.
② 자신이 얼마나 잘하는지를 명확히 인식한다.
③ 주어진 일을 해 나가는 데 있어 자신에게 적절한 능력이 있다고 느낀다.
④ 자신이 하고 있는 일에 주의 집중할 수 있다.
⑤ 자신이 하고 있는 일만 의식한다.
⑥ 한 가지 일에 전념하고 있기 때문에 실패를 생각할 여력이 없다.
⑦ 한 가지 일에 몰두하고 있기 때문에 자신을 방어하지 않는다.
⑧ 시간감각이 없어진다. 예를 들어, 몇 시간이 지났는데도 몇 분밖에 안 지난 것처럼 느낀다.

⑨ 위에 제시한 여덟 가지의 상황이 모두 갖추어지면 어떤 일이든 즐기면서 할 수 있다.

따라서 영재들이 '언제 어떤 일을 하면서 시간가는 줄 모르고 몰입하는지'를 관찰해보면, 그들이 무엇에 흥미가 있고, 재능이 있는지를 쉽게 알아차릴 수 있다.

그러나 실제 학습상황에서 영재들이 몰입하지 못하는 경우가 있는데, 예를 들면 과제가 너무 쉽거나 어려울 때가 그렇다. 너무 쉬운 과제가 주어지면 굳이 애써서 과제를 수행할 필요가 없기 때문에 자신의 에너지를 최대한 쏟아 붓지 않는다. 또한 자신의 능력에 비해 너무 어려운 과제를 수행하게 되면 미리 겁을 먹거나 쉽게 좌절한다. [그림 3-1]을 살펴보자.

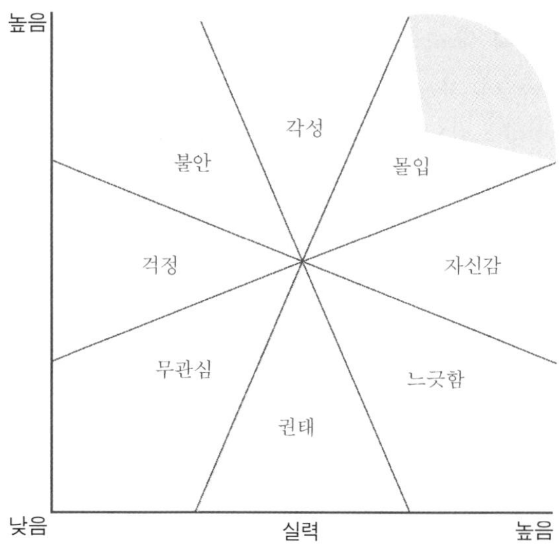

[그림 3-1] 과제의 난이도와 실력에 따른 정서 상태

출처: 미하이 칙센트미하이 저 / 이희재 역(2008). 몰입의 즐거움. 47p.

[그림 3-1]을 보면 자신의 실력에 비해 너무 수준이 높은 과제가 주어지면 몰입하기보다는 불안하거나 각성상태가 된다. 또한 자신의 실력에 비해 과제가 너무 쉬우면 느긋함이나 자신감을 갖게 된다. 따라서 영재들의 경우, 자신의 인지적 능력에 부합되는 높은 수준의 과제가 주어질 때 제대로 된 몰입의 경험을 할 수 있을 것이다.

2. 완벽주의 성향

영재는 완벽주의적인 성향을 보인다(Parker, 1997). 완벽주의란 어떤 과제에 대해 '모든 것'을 잘하려고 하는 경향성을 의미한다(Alexander & Schinick, 2008). 완벽주의는 크게 자기지향 완벽주의(self-oriented perfectionism), 타인지향 완벽주의(other-oriented perfectionism), 사회적으로 규정된 완벽주의(socially prescribed perfectionism)의 세 유형으로 구분된다(이신동, 이정규, 박춘성, 2009). 각 유형을 좀 더 자세히 살펴보도록 하자.

우선 자기지향 완벽주의는 자신을 위해 개인적 표준을 높게 설정하고 그에 비추어 자신의 수행을 평가하는 것이다. 둘째, 타인지향 완벽주의는 자신이 아닌 다른 사람을 위해 높은 표준을 설정하고 그에 비추어 자신의 수행을 평가하는 것이다. 마지막으로 사회적으로 규정된 완벽주의는 의미 있는 타인이 자신을 위해 설정한 과도하게 높은 표준을 인식하고, 그 기준에 도달해야 한다고 생각하는 것이다(이신동, 이정규, 박춘성, 2009).

그렇다면 영재들은 왜 완벽주의적인 모습을 보이는 것일까? 영재의 완벽주의적 성향은 자신이 다른 사람과는 다르게 우수하다는 것을 스스로 느끼기 때문이기도 하고, 어렸을 때부터 주변 사람들이 칭찬을 많이 한 결과이기도 하다(박성익 외, 2004). 완벽주의적인 성향이 있으면 질적으로 우수한 결과물을 생산하기도 하지만, 동시에 완벽을 기하고자 하는 의지가 너무 강하여 일에 진척이 없고 꾸물거리는 행동을 하기도 하고, 자아개념이 부정적으로 변하기도 한다(Adderholdt-Elliot, 1987; Delisle, 1990). 완벽주의가 긍정적으로 작용하면 성취를 향한 에너지를 공급해주기 때문에 바람직한 결과가 나올 수 있다.

그러나 자기의 능력보다 훨씬 높은 수준의 목표를 정하게 되면, 결국 목표를 이루지 못하게 되고, 자신에 대해 비판적인 관점을 가지게 된다. 영재들은 경험을 통해 어느 정도 수준이 되어야 우수한 것이라는 인식을 하고 있다. 따라서 자신의 현재 수준이 이상적인 자신의 모습과 괴리가 있다고 느끼면 자아존중감도 낮아지고 심한 경우, 우울증상도 보이게 된다(박성익 외, 2004). 즉, 실제적 자아와 이상적 자아가 불일치할 때 자신에 대해 실망하게 된다.

이처럼 완벽주의는 영재들의 행동을 긍정적으로 이끌 수도 있고 부정적으로 이끌 수도 한다. 현재까지는 두 가지 방향에 대한 연구결과들이 모두 제시되고 있다. 따라서 부모와 교사들은 영재들이 보이는 완벽주의 성향이 건전한 쪽으로 개발될 수 있도록 도움을 주는 것이 필요하다. 예를 들어 영재에게 너무 큰 기대를 하여 압박감을 느끼게 한다면, 영재아들의 완벽주의 성향과 맞물려 부정적인 결과를 나타낼 것이다. 실제로 영재아들은 완벽주의 성향으로 인해 상담을 받은 경우가 많았다(Orange, 1997; Roberts & Lovett, 1994).

어느 정도의 완벽주의적인 성향을 보이는 것은 정상적이라고 할 수 있지만, 과도하게 완벽주의를 추구하는 영재아들의 경우는 부모나 교사가 도움을 주어야 할 것이다. 부모나 교사가 지나치게 완벽주의를 추구하는 영재아들에게 도움을 줄 수 있는 몇 가지 방법을 살펴보면 다음과 같다. 첫째, 우선 학생이 자신의 장단점을 인정하고, 이 세상 어느 누구도 모든 영역에서 완벽한 사람은 없다는 것을 깨닫게 한다. '나는 완벽한 사람이다'라는 생각 자체가 비합리적이라는 사실을 인식하도록 해야 한다. 또한 실수나 실패도 인생의 중요한 경험이 될 수 있다는 점을 이해시키는 일이 필요하다. 둘째, 영재아가 가지고 있는 개인적인 문제를 상담이나 대화를 통해 분석해주는 것이 필요하다. 셋째, 창의적인 기술과 문제해결력을 개발시켜주는 일이 필요하다. 어떤 과제를 수행할 때 완벽성을 추구하다보면 '잘해야 한다'는 심리적 부담 때문에 제 실력을 발휘하기가 힘들다. 따라서 과제가 주어졌을 때, 창의적인 시각으로 그 문제를 파악하고, 적절한 문제해결방안을 발견하도록 도와주는 일이 필요하다. 마지막으로 자신과 타인에 대한 유머감각을 길러주는 것이 도움이 된다(Schuler, 1999; 이신동, 이정규, 박춘성, 2009 재인용).

3. 내재적 동기

영재들이 열정을 가지고 과제에 몰입할 수 있는 이유는 학습에 대한 높은 내재적 동기가 있기 때문이다. 동기의 종류에는 크게 외재적 동기와 내재적 동기가 있다. 외재적 동기는 칭찬이나 벌 때문에 과제를 수행하게 되는 것이다. 즉, 학습 활동 그 자체에는 별다른 관심이 없고, 칭찬을 받기 위해서 또는 벌을 받기 싫어서 공부하는 것이다. 반면 내재적 동기는 자신의 흥미나 호기심 때문에 과제를 수행하는 것이다. 다음에 제시된 〈정호와 지민이의 사례〉를 살펴보자.

정호와 지민이의 사례

중학교 3학년인 정호와 지민이는 방금 전 끝난 수학 수업에 대해 이야기를 나누고 있었다.

"오늘 배운 피타고라스의 정리는 정말 흥미롭더라. 수학이 이렇게 재미있는 과목인줄 몰랐는데."

정호의 말에 지민이는 다음과 같이 대답했다.

"그래? 나는 오늘 배우는 부분이 시험 범위에 안 들어간다고 해서 열심히 안 들었는데. 그나저나 이번 기말고사 잘 봐야 할텐데 걱정이야. 반에서 5등 안에는 꼭 들어야 할 텐데. 그러면 선생님도 나를 다르게 봐 주시겠지? 나는 수학 잘하는 애들이 제일 부럽더라."

"너도 조금만 더 노력하면 분명히 잘할 수 있을 거야. 나는 오늘 배운 부분에 대해 집에서 좀 더 공부해 보고 싶어. 건축 설계에도 피타고라스의 정리가 응용된다니 참 신기해. 우리 실생활에 응용된 다른 예들도 찾아봐야겠어." 정호가 말했다.

출처: 서울대학교 인지학습연구회(2009). 연구로 본 교육심리학, 99p.

이 사례에서 정호는 수학이 재미있어서 열심히 공부하는 반면, 지민이는 좋은 성적과 선생님의 기대 때문에 공부를 한다. 같은 학습상황에서 정호는 내재적 동기가, 지민이는 외재적 동기가 작용한 셈이다.

영재들은 대체로 일반아동에 비해 내재적 동기가 높다고 알려져 있다. 즉, 영재들은 부모나 교사의 칭찬이나 벌 때문에 과제를 수행하기보다 자신이 몰두하고 있는 활동 그 자체에서 재미를 느끼는 경우가 많다.

최근에 수행된 국내의 연구 결과에서도 영재학생들은 일반학생에 비해 자신의 능력에 대한 자신감과 더불어 무엇인가를 배우는 것 자체를 중시하는 내재적 학습동기가 더 큰 것으로 나타났다(김현철 외, 2005; 윤초희, 2005; 전찬열, 2008). 좀 더 구체적으로 언어영재와 수·과학영재, 일반학생을 대상으로 내재적 동기를 비교한 연구결과가 [그림 3-2]에 제시되어 있다.

[그림 3-2]를 보면 초등학생과 중학생 모두 영재학생(언어영재, 수학/과학영재)이 일반학생에 비해 내재적 동기가 높은 것을 알 수 있다. 옅은 색으로 표시된 초등학교 6학년 막대그래프를 살펴보자. 일반학생이 평균 3.42점을 받은 데 비해, 언어영재는 3.98점, 수학 및 과학 영재는 3.88점을 받았다. 한편 진한 색으로 표시된 중학교 2학년의 경우, 일반학생이 3.61점을 받았고, 언어영재는 3.94, 수학 및 과학영재는 3.82점을 받았다. 제시된 점수간의 차이가 그다지 커 보이지 않지만, 통계 프로그램을 활용하여 분석한 결과, 일반학생과 영재학생(언어, 수학 및 과학)의 점수 차이는 통계적으로 의미 있는 차이인 것으로 나타났다.

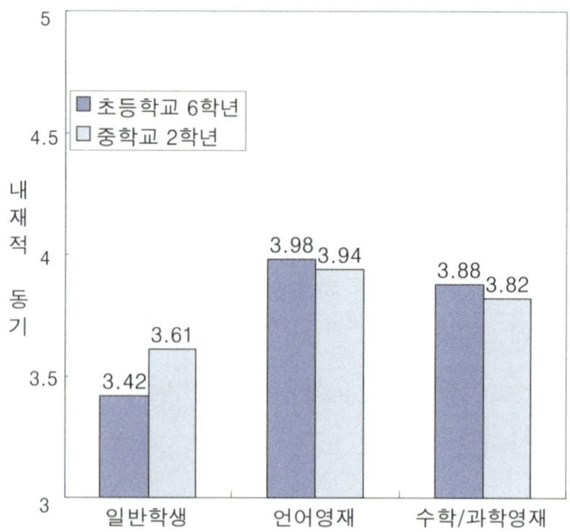

[그림 3-2] 영재학생과 일반학생의 내재적 동기 비교

출처: 윤초희(2005)

영재들은 새로운 정보를 학습하는 것을 좋아하고, 문제해결방안을 발견하게 되면 흥분할 정도로 만족감을 느낀다. 이것은 교육적으로 시사하는 바가 크다. 학교에서는 보통 학생들의 학습동기를 유발하기 위해서 성적이나 칭찬을 사용하거나 협박이나 벌을 사용하는 경우가 많다. 그러나 내적인 동기에 의해 주로 공부하는 아이들은 외적인 보상이 너무 많이 주어지게 되면, 과제를 수행하는 것을 거부하거나 과제를 즐기면서 할 수 없게 된다(Clark, 2008). 따라서 부모나 교사는 영재들이 흥미와 재미를 느끼는 분야가 무엇인지 스스로 발견하도록 도와주고, 그러한 활동에 몰입할 수 있도록 지원해주는 일이 필요하다.

4. 정서적 민감성

정서적 민감성은 외부로부터 오는 자극을 예민하게 지각하는 반응 경향을 말한다. 영재들은 정서적으로 민감하기 때문에 주변 자극을 민감하게 받아들이고, 오감을 통해 들어오는 여러 자극에 동시에 주의를 기울이기도 하며, 고통스러운 감정을 강렬하게 느끼기도 한다(윤여홍, 2000). 예를 들어 일반 아동이 거의 비슷한 두 가지 색깔의 차이를 인식하는 못하는 반면, 미술에 재능이 있는 영재는 예민한 감성 때문에 두 색깔의 섬세한 차이를 지각하게 된다(박성익 외, 2004). 그러나 영재들은 정서를 지식으로 이해하려는 경향이 강하다. 예를 들어 영재들은 자신과 타인의 정서가 어떤 것인지, 무엇을 의미하는 지에 대해서는 관심이 많다. 그러나 자신과 타인의 감정에 공감하고 그 자체를 이해하는 능력은 부족한 편이다(박성익 외, 2004).

영재아들의 이러한 정서적 민감성은 긍정적인 측면과 부정적인 측면을 모두 가지고 있다. 우선 정서상태가 긍정적일 때는 기쁨,

생동감, 에너지가 넘치게 되고, 영재의 잠재성을 발달시키는 촉매제 역할을 할 수 있다. 정서적 민감성이 부정적으로 작용할 수도 있는데, 예를 들면 의기소침, 자신감 결여, 죄책감, 열등감에 사로잡히게 되는 경우를 들 수 있다(서우경, 2003). 또한 학교생활에 잘 적응하지 못하거나 이방인 같은 느낌을 갖기도 하며, 감정적으로 자기 보호를 하기 위해 스스로를 고립시키는 방법을 쓰기도 한다(윤여홍, 2000).

따라서 영재들이 정서적으로 민감하기 때문에 일반아동들은 잘 느끼지 못하는 미묘한 변화나 차이점을 감지할 수 있다(이신동, 이정규, 박춘성, 2009)는 사실을 부모나 교사가 이해해야 한다. 더불어 영재들의 정서적 민감성이 긍정적인 에너지로 작용할 수 있도록 부모와 교사들이 영재들의 정서 상태에 대한 관심을 보이고 적절한 지도를 할 필요가 있다.

5. 자아개념

일반적으로 영재는 일반아동에 비해 학업면에서는 긍정적인 자아개념을 가지고 있지만, 사회적 관계나 친구관계에서는 비교적 부정적인 자아개념을 갖고 있다(박성익 외, 2004). 학문적 자아개념은 학생들이 자신의 객관적인 성적이나 타인의 평가와는 상관없이 자신의 학습수준에 대해 인식하는 정도를 의미한다. [그림 3-3]에는 수학영재, 과학영재, 일반학생의 수학에 대한 자신감을 비교한 결과가 제시되어 있다. [그림 3-3]을 보면 수학영재, 과학영재, 일반학생 순으로 수학에 대한 자신감이 높은 것으로 나타났고, 일반학생에 비해 수학영재와 과학영재의 자신감이 높은 것을 알 수 있다.

한편 사회적 측면에서 보면, 영재들은 또래 관계에서 어려움을 호소하는 경우가 많다. 영재아동들은 자신이 또래들과 다르다고 느낄 때, '혹시 내가 무엇이 잘못된 것이 아닌가'라는 고민을 하게 된다(송의열, 2002). 따라서 사회적 자아개념은 부정적일 가능성이 많게 되는 것이다.

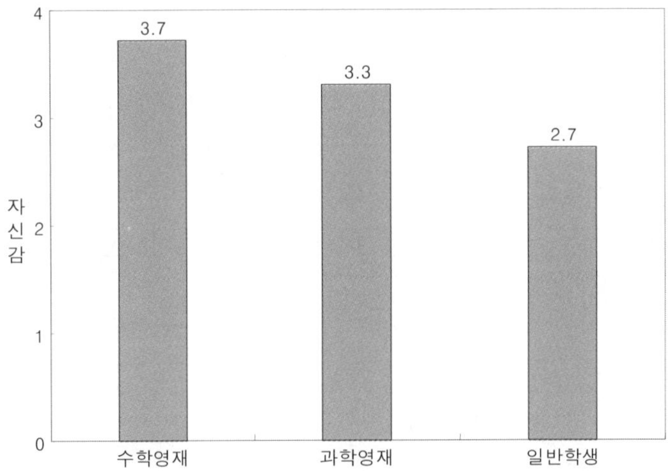

[그림 3-3] 수학영재, 과학영재, 일반학생의 수학에 대한 자신감 비교
출처: 최영기, 도종훈(2004).

영재들의 자아개념이 긍정적인가 부정적인가에 따라 영재유형이 달라질 수 있다(이신동, 이정규, 박춘성, 2009). 긍정적인 자아개념을 가진 영재들은 자신의 능력에 맞게 공부도 잘하고 지능검사와 성취도 검사에서도 좋은 점수를 받는 성공적 영재가 될 수 있다. 스스로 학습의 기회를 창조하는 자율적 학습자로서의 모습을 보이기도 한다. 반면 부정적인 자아개념을 갖게 되면 교사나 부모의 권위에 도전하게 되거나, 일반아동들과 어울리기 위해 자신의 재능을 부정하는 모습을 보이기도 하며(이신동, 이정규, 박춘성, 2009), 자신의 잠재력을 충분히 발휘하지 못하는 미성취영재가 되기도 한다.

6. 도덕성 발달

영재아들은 어렸을 때부터 이상주의적인 특징을 보이기도 하고, 보편적인 문제나 도덕적 사안에 대해 관심을 보인다(Gross, 1993). 도덕성에 대한 대표적인 인지발달이론가인 콜버그와 피아제는 도덕발달은 인지적 발달에 의해 영향을 받는다고 보았다. 즉, 지적 수준이 높은 사람들이 도덕적인 판단을 잘 한다는 의미이다. [그림 3-4]를 살펴보자.

[그림 3-4]는 아동의 도덕성 발달수준에 관한 피아제의 실험에 관한 그림이다.

〈A〉 〈B〉

[그림 3-4] 피아제의 도덕성 실험: 행위의 동기와 결과

출처: 정옥분(2006). 사회정서발달. 304p.

〈A〉 상황은 어머니가 설거지 하는 것을 도와드리다가 실수로 컵을 여러 개 깨는 장면이고, 〈B〉 상황은 어머니 몰래 과자를 꺼내 먹다가 컵을 한 개 깨뜨리는 장면이다. 〈A〉와 〈B〉 중 누가 더 잘못된 행동을 한 것인가에 대해 나이가 어린 아동들은 〈A〉가 컵을 더 많이 깨뜨렸기 때문에 더 나쁘다고 생각한다. 행위자의 의도를 고려하지 못하고 행위의 결과만을 가지고 판단하는 것이다. 그러다가 열 살 정도가 되면 행위의 의도를 고려할 수 있게 되어 어머니를 도와드리려다가 컵을 많이 깬 아이보다 과자를 몰래 먹으려다 컵을 한 개 깬 아이가 더 나쁘다고 생각하게 된다.

도덕성을 도덕적 판단능력으로 볼 때, 특정한 상황에서 어떻게 하는 것이 더 옳은 것인가를 판단하는 것은 결국 인지 발달 수준에 따라 달라진다. 이러한 맥락에서 볼 때, 영재아들은 일반아동에 비해 지적능력이 우수하기 때문에 높은 도덕발달수준을 보인다고 할 수 있다. 최근에 국내에서 중고등학교 과학영재를 대상으로 수행된 한 연구(유미현, 유미현, 홍훈기, 2008)에서도 유사한 결과가 도출되었다.

그런데 여기서 한 가지 생각해볼 문제가 있다. 사람들은 특정한 상황에서 어떻게 하는 것이 옳은 행동인가를 알면서도 실제 행동은 그렇지 않을 때가 많다. 영재아들이 지적 능력이 우수하기 때문에, 상황을 분석하고 그 상황에서 다른 사람들을 고려해서 어떻게 하는 것이 공정한 것인가에 대한 개념을 일반아동에 비해 더 빨리 발달시킨다고 볼 수 있다. 그런데, 과연 영재아들은 높은 도덕 판단수준에 걸 맞는 도덕적인 행동을 많이 한다고 볼 수 있을까?

이에 대해 레스트(1984)는 어떤 사람이 도덕적 행동을 하기 위해서는 도덕성을 구성하는 4가지 요소가 충족되어야 된다고 보았다. 〈표 3-1〉를 살펴보자.

〈표 3-1〉 레스트의 도덕성의 4구성요소

도덕성의 구성요소	내용
도덕감수성	상황의 해석
도덕판단력	특정 행동이 도덕적으로 옳은지 그른지에 대해 판단
도덕동기화	도덕적 가치를 다른 가치보다 우선시하는 것
도덕적 품성	마음이 흐트러지지 않고 용기 있게 행동에 옮김

출처: Rest & Narvaez 편저/ 문용린 외 역(2000). 전문직업인의 윤리발달과 교육, 58p.

이 4가지 요소 중 하나가 '이 상황에서 도덕적으로 어떻게 행동하는 것이 옳은 것인가'를 생각할 수 있는 도덕 판단력이다. 도덕적 행동을 하기 위해서 또 필요한 것은 도덕감수성이다. 즉 어떤 상황이 도덕적으로 문제가 되는 상황이라는 것을 깨닫는 능력이다. 특정한 상황이 도덕적으로 문제가 되는 상황이라는 것을 깨닫지 못한다면 그 상황에서 어떻게 하는 것이 옳은 것인가를 생각할 필요가 없기 때문이다.

도덕적 동기화도 중요한 요소인데, 그것은 도덕적 가치를 다른 가치보다 더 우위에 놓는 것이다. 예를 들어 남을 도와주는 것이 옳은 행동인 것을 아는 상황에서도 도덕적 가치보다 돈이 너무 든다는 생각이 들어 경제적 가치를 우선시하거나 친구와의 만남이 더 중요하다는 사회적 가치를 더 많이 고려한다면 남을 도와줄 수 없기 때문이다.

또한 마지막 순간에 자신이 판단하고 결정한 옳은 행동을 실천에 옮길 수 있는 용기나 자기 결단과 같은 도덕적 품성이 중요한 요인이 된다. 레스트는 도덕성을 구성하는 도덕감수성, 도덕판단력, 도덕동기화, 도덕적 품성 중 한가지라도 제대로 충족되지 못하면 도덕적 행동을 하기가 힘들다고 보았다. 영재들의 경우, 뛰어난 인지적 능력 때문에 도덕판단력이 높다는 연구 결과들은 많이 있는 편이다. 그러나 정서적인 교육이 뒷받침되지 않는다면 오히려 높은 지적 능력을 이용해서 다른 사람을 속이는 일이 가능할 것이다. 따라서 부모와 교사들은 영재들이 도덕판단력 뿐만 아니라 도덕감수성,·도덕동기화, 도덕적 품성도 함께 발달시키도록 지도할 필요가 있다.

7. 도전성과 회피성

도전성은 쉽게 해결하기 어려운 과제를 끝까지 도전하여 성취하려는 성향을 의미한다(이신동, 이정규, 박춘성, 2009). 영재들은 일상적인 것보다는 새롭고 도전적인 것을 좋아하는 편이다. 이처럼 영재들은 단순하거나 반복적인 내용에 대해서는 흥미를 갖지 못하기 때문에 도전적인 과제를 요구하게 된다. 예를 들어, 일반학생의 과제에 비해 영재학생의 과제는 추론할 거리가 많아야 하는데, 이것이 과제에 대한 도전성의 수준을 높여줄 수 있기 때문이다(이신동, 이정규, 박춘성, 2009).

반면 동시에 영재들은 위험을 회피하려는 욕구도 가지고 있다. 영재들은 어떤 일의 가능성과 함께 잠재되어 있는 문제도 인식할 수 있기 때문이다(윤여홍, 2000). 특히 영재들 중에서 낮은 자아개념을 가지고 있거나 무슨 일을 하든지 반드시 성공해야 한다는 완벽주의적 성향을 가지고 있는 아동은 새로운 일에 도전하는 것을 두려워한다(박성익 외, 2004). 이러한 아이들은 결국 자신의 능력에 비해 낮은 성취수준을 보인다.

영재들은 어린 시절부터 실패보다는 성공경험이 많기 때문에 실패했을 때 어떻게 대처해야 하는지를 잘 알지 못한다. 또한 자신보다 똑똑한 사람을 만날 기회가 별로 없어, 자신이 언제나 옳고, 최고라는 생각을 갖기가 쉽다. 그런데, 만일 어느 순간 자신보다 경험이 풍부하고, 기술과 능력이 많은 사람을 만난다면 자신이 최고라는 자아정체감에 혼란을 겪게 된다(Webb 외 저/ 윤여홍 역, 2009). 따라서 부모나 교사들은 영재들이 자신에 대해 객관적으로 인식하고, 비합리적으로 완벽주의적인 모습을 고집하지 않도록·함으로써 회피적 성향을 감소시킬 수 있도록 도와주는 것이 필요하다. 영재들이 계속해서 회피적 행동을 보이면 결국 자신의 잠재능력을 충분히 발휘할 기회가 줄어들기 때문이다.

8. 영재아와 똑똑한 아이의 정서적 특징

영재들은 일반 아동 중에서 약간 똑똑한 아이들과는 정서적으로 다른 특징을 보인다. 즉 영재아와 '약간 똑똑한 아이'는 차이가 있다.

정서적 특징뿐만 아니라 흥미수준, 공평함에 대한 관심, 자아개념에서도 차이가 난다. 〈표 3-2〉에서 제시된 특징을 중심으로 자녀의 정서적 특징을 이해하는 것이 자녀 지도에 도움이 될 것이다.

〈표 3-2〉 아이의 재능을 알아보는 몇 가지 방법

	똑똑한 아이	영재아
정서적 특징	- 감정을 드러내기도 하지만 화가 나는 상황을 잘 견뎌냄 - 무엇이 자신을 괴롭히는지 대체로 잘 표현함 - 자신의 감정을 비교적 자유롭게 표현함	- 다른 생각이나 일을 못할 정도의 에너지를 소모하는 고조된 감정 상태를 경험함 - 열정적이고 깊게 느낌 - 공감의 정도가 지나친 경우도 있으나 이런 감정을 내면화하고 표현하기를 꺼리기도 함
	- 관계가 좋을 때도 나쁠 때도 있다는 것을 이해함 - 친구와 논쟁을 하지만 하루가 지나면 다시 친해짐	의견의 불일치, 친구가 잘못했다는 인식, 친구의 배신 등에 과도할 정도로 상처를 받음

흥미 수준	질문을 하고 여러 가지 것에 호기심을 보임	거의 모든 것에 강력한 호기심을 보이고 자신의 흥미를 사로잡는 것에 완전히 빠짐
	주어진 대로 과제를 마침	- 과제의 특정 측면에 사로잡혀 제때 과제를 못 끝내는 경우도 있음 - 어떤 것에 사로잡히면 다른 것은 쳐다보지도 않음
	열심히 공부하고 정력적으로 일함	흥미 있는 영역에 대해 엄청난 열정과 에너지를 보임
	다른 사람을 즐겁게 하려고 일함	최소한의 지시와 제안을 필요로 함
공평함에 대한 관심	자신의 상황과 관련해서 무엇이 공평한지 분명히 말함, 예) "쟤가 나보다 케이크를 더 많이 받았어"	공평함에 대한 관심이 매우 강하고 보편적임. 전쟁, 환경문제 등과 같이 복잡한 도덕적, 윤리적 이슈를 이해하고 자신의 관점을 방어함
	무엇이 공평한 것인지 그렇지 않은 것인지 추론의 과정을 이해함	특정 상황의 공평성을 강조하고 논쟁함
자기 이미지	친구들과 관심을 공유하고 학교에서 잘 어울림. 다른 아이들이 자기를 좋아한다고 생각하고 자아존중감이 높음	일반적으로 자아존중감이 높지만, 다른 아이들과 다르고 학교생활에 잘 맞지 않아 낮은 자아존중감을 갖기도 함
	자신의 성취를 위해 노력하고 즐김	더 잘할 수 있는 여지가 있거나 어떤 일을 제대로 했다는 생각이 들지 않아 자신의 성취에 대해 만족하지 못하는 경우가 종종 있음
	완벽하지 못한 것에 대해 걱정하는 경우가 거의 없음	지나치게 자기 비판적이고 완벽주의적 성향을 보임

출처: 오헌석, 최지영, 최윤미, 권귀헌(2009). 세계를 이끄는 한국의 최고 과학자들, 270p.

제2절 정서적 문제로 인한 미성취 영재와 부모의 역할

1. 미성취 영재

만일 영재가 정서적 문제를 가지고 있다면, 자신의 능력을 충분히 발휘하지 못하는 미성취 영재가 될 가능성이 높다. 기존의 연구 결과를 보면 미성취 영재가 되는 것과 관련된 요인은 여러 가지가 있지만(서우경, 2003; 최병연, 2007), 그 중 정서적인 문제는 크게 세 가지 정도로 볼 수 있다.

첫째, 부정적인 학문적 자아개념이 미성취와 관련된다. 앞서 제1절에서 영재들은 대체로 일반아동들에 비해 학문적 자아개념이 높은 것으로 알려져 있다. 그러나 일부 영재아들은 자신에 대해 부정적인 자아개념을 가지고 있다. 부정적인 자아개념을 갖는 것은 곧 자신의 학업 능력에 대해서도 회의적인 생각을 갖게 되는 것이고, 결국 아무리 노력해도 좋은 결과가 나올 수 없다는 식의 학습된 무력감에 빠지게 된다(최병연, 2007).

둘째, 학습동기의 부족이 미성취와 관련된다. 미성취 영재들은 자신의 능력을 충분히 발휘하여 좋은 성과를 내는 또래 영재들에 비해 학습동기가 부족한 편이다. 성취에 대한 의욕도 부족하다(서우경, 2003). 그 이유는 두 가지로 볼 수 있다. 하나는 학교의 교육과정이 영재들에게 흥미를 끌지 못하기 때문이다. 다른 하나는 간혹 영재들 중에는 주변에서 자신을 영재라고 부르는 것에 만족하여, '영재'로서의 정체감을 보존하는 데에 더 관심이 많은 영재들이 있다. 따라서 이러한 영재들은 도전감을 불러일으키는 과제를 선택하기 보다는 자신의 능력에 비추어 수행하기 쉬운 과제를 선택하는 경향이 있다(최병연, 2007). 즉, 실패에 대한 가능성을 최소한으로 줄이기 위해 쉬운 과제만 선택하는 것이다.

셋째, 열정의 부재, 자기목적성의 부재가 미성취와 관련된다. 열정을 가지고 적극적으로 삶에 뛰어드는 사람의 성격을 자기목적성으로 충만해있다고 한다(칙센트미하이 저. 이희재 역, 2008).

예를 들어 목적의식을 가지고 생활하는 학생들은 별 생각없이

TV를 보는 시간보다 공부나 운동, 자신의 취미생활에 투자하는 시간이 많다. 반면 목적의식이 부족한 사람은 TV를 보는 시간이 다른 활동에 투자하는 시간에 비해 훨씬 많다(미하이 칙센트미하이 저/ 이희재 역, 2008). 어떤 방식으로 시간을 보내는가를 보면 그 사람이 얼마나 열정을 가지고 자신이 좋아하는 일을 하는 것 자체를 즐기고 있는가를 알 수 있다.

2. 미성취를 벗어나게 하는 방법: 부모의 역할

영재는 어렸을 때부터 주로 자신의 지적 능력에 초점을 맞추어 성장해왔다. 부모나 교사들도 아이가 똑똑하고 과제를 잘 수행하는 것에만 관심이 있고, 영재들이 겪는 심리적 문제나 그들의 정서 상태에는 큰 관심을 보이지 않는 경우가 많다. 그러나 정서적 성숙과 행동적인 발달이 함께 잘 이루어져야지만 영재들의 뛰어난 지적능력이 더욱 잘 계발되고 빛을 발할 수 있다. 예를 들어 자신과 타인의 감정을 소홀히 여기고 잘 조절하지 못해 충동적인 정서반응을 보인다면, 영재들이 가진 뛰어난 지적 능력이 충분히 발현되기 힘들기 때문이다(박성익 외, 2004).

영재가 미성취를 벗어나도록 도와주어야 하는 또 다른 중요한 이유는 정서적인 문제 때문에 자신의 잠재력을 충분히 발휘하지 못할 경우, 영재판별을 제대로 받지 못하여 영재교육프로그램에 참여하여 여러 가지 교육적 지원을 받을 기회가 줄어들 가능성이 있기 때문이다.

따라서 부모와 교사는 보다 구체적으로 영재들이 자신의 능력을 충분히 계발하도록 도와주어야 하며, 다음과 같은 방법을 활용할 수 있다.

첫째, 긍정적인 학문적 자아개념을 갖도록 돕는다.

둘째, 영재들에게 흥미를 불러일으키는 도전적인 과제를 많이 제시해준다.

셋째, 열정을 가지고 자신의 삶을 주도적으로 이끌어갈 수 있도록 도와준다.

제3절 한국의 훌륭한 과학자와 공학자들의 정서적 특징

어릴 때 영재라고 해서 성인이 되어서도 누구나 자신이 선택한 분야에서 최고 수준의 전문가가 되는 것은 아니다. 이 절에서는 과학과 공학 분야에서 세계적인 성과를 내고 있는 과학자와 공학자들의 성장과정을 분석한 최근의 연구(오헌석, 최지영, 최윤미, 권귀헌, 2009; 오헌석, 심한식, 위현진, 배형준, 2009)에서 밝혀진 그들의 정서적 특징에 대해 살펴보겠다. 영재들이 평범한 과학자나 공학자에 머무르지 않고, 최고 수준의 업적을 낼 수 있었던 정서적 요인들을 살펴봄으로써 영재교육에 대한 시사점을 생각해볼 수 있을 것이다.

1. 자기주도적 학습태도

과학인재들은 자신에게 맞는 학습방법을 찾아내고 학습진도를 알아서 정해나갔다. 자신에게 효과적인 학습법을 터득해나가면서 효율적인 방식으로 공부하는 모습을 보여주었다. 부모나 교사의 압력에 의해서가 아니라 공부가 재미있어서 몇 시간씩 공부를 하곤 했다. 성적이 몇 등 오르면 용돈을 올려 주겠다든지 성적이 떨어지면 컴퓨터 게임을 못하게 한다든지 하는 방식은 공부와 상벌을 결합시키는 것이다. 이러한 방식만으로는 영재들이 지속적으로 공부하는 즐거움을 맛보게 하는 데는 한계가 있다. 결국 어린 시절부터 호기심과 흥미를 느껴왔던 분야에 지속적으로 몰입하고 최상의 성과를 내 수 있었던 원인에는 학습에 대한 자기주도성이 큰 역할을 했다고 볼 수 있다.

2. 과제집착력

과학인재들은 평균 이상의 지적능력을 보유하고 있으면서 상상을 초월하는 과제집착력으로 몇 십 년 동안 풀리지 않는 문제를 포기하지 않고 끝까지 해결해보려는 모습을 보였다. 국내 유명 수학자의 경우 안 풀리는 문제가 있으면 걸으면서도, 밥 먹으면서도 고민하면서 24시간 오직 그 생각만 했다고 한다. 그러다 보면 머릿속에서 조금씩 생각이 진전되다가 어느 순간 해결이 되었다. 영재들은 일반아동에 비해 과제집착력이 큰 것으로 알려져 있으나(김현철 외, 2005; Gottfried & Gottfried, 2004), 자신의 분야에서 창의적인 성과를 내기 위해서는 문제를 꼭 해결하겠다는 의지와 끈기 있는 태도를 성장하면서 지속적으로 유지할 필요가 있다.

3. 선택과 집중

훌륭한 과학자들은 중요한 일에만 집중했다. 모든 일에 완벽하려고 하기보다 자신이 좋아하고 중요하다고 생각하는 일에 집중해서 에너지를 쏟았다. 예를 들어 연구하는 일에는 시간과 에너지를 아낌없이 투자하지만, 행정적인 일은 몇 번이고 독촉 전화를 받고 나서야 해결하기도 했다. 영재라고 해서 모든 분야에 소질과 능력이 있는 것은 아니다. 부모와 교사들은 영재들이 자신이 잘할 수 있고, 좋아하는 일을 발견하고, 그것에 집중할 수 있도록 도움을 주어야 할 것이다.

4. 도전의식

과학인재들은 남들이 하지 않는 새로운 분야에 도전했다. 예를 들어 학술대회에 참석해서도 최근의 연구동향을 파악하는 데 그치지 않고, 새로운 연구 분야를 찾으려고 노력하는 모습을 보여주었다. 그래야만 학자로서 '학문적 리더십'을 가지고 새로운 연구의 흐름을 이끌어 갈 수 있다고 생각했기 때문이다. 영재들은 어떤 일에 잠재되어 있는 문제점도 인식할 수 있는 능력이 있어서 어려운 일을 회피할 수도 있는데, 영재들이 평범한 성인이 되지 않고 자신의 분야에서 최고 수준의 전문성을 획득하기 위해서는 이러한 회피적인 태도에서 벗어나 새로운 분야에 도전의식을 갖도록 도와주는 것이 필요할 것이다.

참 / 고 / 문 / 헌

김현철, 김홍원, 최인수, 이윤옥, 이정규(2005). 정의적 · 사회적 특성 분석과 영재성 판별에서의 시사점, 한국교육, 32(3), 205-331.

박성익 외(2004). 영재교육학원론. 교육과학사.

서우경(2003). 부적응 영재아 상담에 대한 연구. 영재와 영재교육. 2(2). 65-86.

서울대학교 인지학습연구회(2008). 연구로 본 교육심리학. 학지사.

송의열(2002). 영재아동의 사회 정서적 특성과 스트레스 대처 행동의 이해. 영재와 영재교육, 1(2), 69-95.

오헌석, 심한식, 위현진, 배형준(2009). 세계를 이끄는 한국의 창조적 공학자들. 서울대학교 출판부.

오헌석, 최지영, 최윤미, 권귀헌(2009). 세계를 이끄는 한국의 최고 과학자들. 서울대학교 출판부.

유미현, 박은이, 홍훈기(2008). 과학 영재와 일반 학생의 도덕판단력 비교 및 중 · 고등학교 과학 영재의 도덕판단력 발달 경향. 국제과학영재학회지, 2(1), 1-11.

윤여홍(2000). 영재의 심리적 특성과 정서발달을 위한 상담. 한국심리학회지: 일반. 19(1), 79-101.

윤초희(2005). 영재성 유형과 학년 수준에 따른 동기 및 인지적 특성, 영재와 영재교육, 4(2), 53-72.

이신동, 이정규, 박춘성(2009). 최신영재교육학개론. 학지사.

전경원(2006). 창의성 교육의 이론과 실제. 창지사.

전찬열(2008). 영재집단과 일반집단의 학습동기와 효과에 관한 연구. 영재와 영재교육, 7(2), 141-159.

정옥분(2006). 사회정서발달. 학지사.

최병연(2007). 미성취영재를 위한 교육적 중재에 관한 연구. 영재와 영재교육. 6(1). 23-48.

최영기, 도종훈(2004). 수학영재학생들의 인지적, 정의적, 창의적 특성 분석, 대한수학교육학회지 학교수학, 6(4), 361-372.

칙센트미하이 저, 이희재 역(2008). 몰입의 즐거움. 해냄출판사.

Adderholdt-Elliot, M. R.(1987). *Perfectionism: What's bad about being too good?* Minneapolis, MN: Free Spirit.

Alexander, J. M., & Schnick, A. K.(2008). Motivation. In J. A. Plucker & C. M. Callahan (Eds.), *Critical issues and practices in gifted education* (pp. 423-447). Waco, TX: Prufrock Press.

Amabile, T. M.(1996). *Creativity in context*. Boulder, CO: West view Press.

Clark, B.(2008). Growing up gifted: developing potential at school and in the home. Prentice Hall.

Delisle, J. R.(1990). The gifted adolescent at risk: Strategies and resources for suicide prevention among gifted youth. *Journal for the Education of the Gifted, 13*, 212-228.

Gottfried, A. E., & Gottfried, A. W.(2004), Toward the development of a conceptualization of gifted motivation. *Gifted Child Quarterly, 48*, 121-132.

Gross, M. U. M.(1993). Nurturing the talents of exceptionally gifted individuals. In K. A. Heller, F. J. Monks, & A. H. Passow (Eds.), *International handbook of research and development of giftedness and talent*(pp. 473-490). Oxford, England: Pergamon.

Orange, C.(1997). Gifted students and perfectionism. *Roeper Review, 20*, 39-41.

Parker, W. D.(1997). An empirical typology of perfectionism in academically talented children. *American Educational Research Journal, 34*, 545-562.

Rest, J. R.(1984). The major components of morality. In W. M. Kurtines & J. L. Gewirtz(Eds.), *Morality, moral behavior and moral development*(pp. 24-38). New York: John Wiley.

Rest, J. R., & Narváez, D. 편저/ 문용린 외 역(2000). 전문직업인의 윤리발달과 교육, 학지사.

Roberts, S. M., & Lovett, S. B.(1994). Examining the "F" in gifted: Academically gifted adolescents' physiological and affective responses to scholastic failure. *Journal for the Education of the Gifted, 17*, 241-259.

Webb, J. T., Amend, E. R., Webb, N. E., Goerss, J., Beljan, P., & Olenchak, F. R. 저/ 윤여홍 역(2009). 영재와 정신건강: 오진단과 이중진단, 학지사.

제 4 장

영재의 판별: 원칙과 최근 동향

제4장
영재의 판별: 원칙과 최근 동향

제 4 장

영재의 판별: 원칙과 최근 동향

영재교육의 성공은 정확한 영재의 판별과 이들에게 제공되는 질 높은 영재교육 프로그램, 그리고 영재교육에 대한 전문성이 있는 교사에게 달려있다고 보아도 과언이 아니다. 특히, 영재교육을 타고난 영재성을 지닌 학생을 정확하게 판별하고 이들에게 차별화된 영재교육을 제공하는 것이라고 본다면, 영재교육의 첫 출발점은 바로 영재판별이며, 영재성을 지닌 학생을 정확하게 판별하는 것은 매우 중요한 일이다.

본 장에서는 영재 판별과 관련된 일반적인 원칙과 영재판별의 방법, 그리고 현재 우리나라 영재교육대상자 선발과 관련된 내용을 중심으로 소개하고자 한다.

제1절 영재판별의 원칙

1. 영재성의 정의와 영재교육의 목표를 반영한다.

영재판별은 정의된 영재성을 타당하고 정확하게 측정해야 한다. 영재성의 정의는 영재판별은 물론, 영재교육의 목표와 관련하여 매우 중요하다. 만일, 영재성을 창의성이라고 정의한다면, 영재판별은 창의성을 측정하는 방식으로 이루어져야 하며, 영재교육의 목표는 창의성의 신장이 될 것이다. 또한 영재성을 리더십이라고 정의한다면, 영재판별은 리더십을 측정하는 방식으로 이루어져야 하며, 영재교육의 목표는 리더십의 신장이 될 것이다.

따라서 영재판별에서 영재성을 무엇으로 정의했는가는 매우 중요한 질문이며, 정의된 영재성을 타당하고 정확하게 측정해야 하는 것이다.

2. 타고난 영재성을 측정한다.

영재판별의 기본 방향은 동일한 연령, 경험, 환경에서 또래보다 뛰어난 잠재력(미래 발전가능성)을 보이는 학생을 영재로 판별하는 것이다. 영재는 소득계층에 상관없이 태어날 수 있는 반면, 영재성의 계발 기회는 소득계층과 매우 밀접한 관련이 있는 것으로 나타났다(OECD, 2006). 또한 우리나라 영재학생의 가계 월평균소득은 439만원으로 일반학생의 297만원에 비해 월등히 높은 것으로 나타나고 있다(김미숙 외, 2004). 이러한 결과는 타고난 영재성을 지닌 학생을 영재로 판별하기 보다는 사교육 기관의 선행학습에 의해 만들어진 영재를 영재로 판별하고 있다는 비판을 받게 된다.

따라서 영재판별은 현재 성취수준보다 미래 발전가능성 중심으로 이루어져야 하며, 잠재된 영재성을 발굴할 수 있는 방법으로 판별되어야 한다.

3. 다양한 정보를 수집한다.

영재성은 단 하나의 수치로 판별할 수 없으며, 영재성의 다양한 근원을 조사하지 않는다면, 실제로 많은 영재들이 판별에서 누락될 수 있다. 영재성은 다양한 영역에서 나타나기 때문에 다양한 검사방법을 사용해서 다양한 정보를 수집해야 한다. 우선, 학생이 어떤 영역에서 영재성을 지니고 있는지를 알기 위해서는 영재성이 발현될 수 있는 다양한 영역에서의 정보를 수집해야 한다. 어떤 학생은 수학에서, 어떤 학생은 과학에서, 어떤 학생은 음악에서, 어떤 학생은 리더십 영역에서 영재성을 나타낼 수 있다.

또한 어떤 학생이 한 영역에서 우수한 성취수준을 보였다고 하더라도 그 학생이 진정한 영재성을 지니고 있는지 정확하게 판별하기 위해서는 다양한 정보를 수집해야 한다. 예를 들어, A학생이 과학 영역에서 영재성이 있는지 판별하기 위해서는 지능검사, 창의성검사, 과학 성적, 과학과 관련된 산출물 평가, 과학과 관련된 행동 관찰, 과학과 관련된 동기 또는 흥미, 자신이나 학부모, 동료의 의견 등 다양한 방법으로 정보를 수집하여 판별해야 한다.

4. 다단계 절차로 판별한다.

영재판별은 일회적인 방법이 아니라 다단계 절차를 통해 지속적으로 수행되어야 한다. 다양한 정보를 수집하여 영재판별을 한다고 하더라도 그것은 일회적인 판별과 다단계 판별로 구분될 수 있다. 우선, 일회적인 방법은 학생에게 모든 검사를 실시하고, 검사별로 가중치 점수로 합하여 판별하는 것이다. 예를 들어, 지능검사, 창의성검사, 과학성취도검사, 흥미검사를 실시하고, 각 검사의 중요도에 따라 가중치를 부여하여 점수를 구한 다음, 모든 점수를 합하여 학생을 판별하는 방법이다.

반면, 다단계 방법은 다양한 검사방법을 각 단계별로 활용하여 판별해 나가는 방법이다. 예를 들어, 1단계에서 행동관찰 결과로 3배수를 판별하고, 2단계에서는 1단계에서 판별된 학생을 대상으로 지능검사를 사용하여 2배수를 판별하고, 3단계에서는 2단계에서 판별된 학생을 대상으로 창의성검사를 사용하여 1.5배수를 판별하고, 4단계에서는 실험 및 심층면접을 통해 판별해 나가게 된다. 다단계 판별은 체계적이고 집중적으로 학생들의 영재성을 판별할 수 있다는 점에서 효과적이며, 다양한 단계를 거치면서 보다 정확하게 영재판별이 가능하다. 따라서 다양한 상황에서 나타나는 영재성을 정확하게 판별하기 위해서는 계획적인 다단계 방법을 활용하며, 각 단계마다 적절한 전문가가 영재판별에 참여하는 것이 바람직하다.

5. 가능한 조기에 판별한다.

타고난 영재성은 조기에 나타나는 경우가 많다. 어린 시절부터 언어, 수, 음악, 미술 등에서 뛰어난 능력을 보이는 아동이 있으며, 이러한 아동은 조기에 발견되어 적절한 교육을 받는 것이 중요하다. 적절한 경험과 교육을 받지 못하면, 영재성은 재능으로 발현되지 못하고 사장될 우려가 있기 때문이다. 이렇게 선천적으로 영재성을 지니고 태어났지만, 적절한 교육을 제공받지 못해 영재성을 발현하지 못하는 경우를 '미성취영재'라 한다. 조기 판별의 목적은 이른 시기부터 '영재' 또는 '비영재'를 구분하여 꼬리표를 붙이고 차별적인 교육을 제공하는 것이 아니다. 아동이 가지고 있는 타고난 영재성을 가급적 일찍 발견하여, 타고난 잠재성이 재능으로 꽃필 수 있도록 적합한 교육을 제공하고자 하는 것이다.

영재판별이 조기에 이루어 질 경우, 일반적인 타고난 능력에 초점을 맞추어야 한다. 즉, 나이가 어릴수록 지능검사, 창의성검사 등을 통해 일반적인 영재성을 판별하고 나이가 많아질수록 특별한 영역에서의 특수 재능에서의 능력에 중점을 두어 판별한다. 또한 나이가 어릴수록 해당 영역에서의 호기심, 동기, 흥미 등을 중심으로 판별하고, 나이가 많아질수록 해당영역에서의 창의적인 산출물을 중심으로 판별한다.

6. 포괄성의 철학으로 판별한다.

다양한 방법을 사용하여 영재를 판별한다 하더라도 영재성을 지닌 학생 모두를 정확하게 영재로 판별할 수는 없으며, 또한 영재로 판별된 학생 모두가 영재성을 100% 가지고 있다고 단언할 수도 없다. 이와 같은 영재판별과 관련된 문제를 '배타성의 철학'과 '포괄성의 철학'으로 구분하여 설명할 수 있다. 배타성의 철학은 영재판별을 통해 영재성이 없는 학생이 영재교육대상자로 선발되는 것을 걱정하는 것과 관련되며, 극소수의 학생만을 영재로 판별하여 영재교육을 실시하고자 할 경우에 해당한다. 반면에, 포괄성의 철학은 영재성이 있는 학생이 영재판별에서 제외되는 것을 걱정하는 것과 관련되며, 가능한 한 잠재적 영재성을 지닌 학생들을 영재교육대상자로 포함시키려는 경우에 해당한다.

배타성의 철학으로 영재를 판별할 경우, 보다 엄격하고 객관적으로 수량적인 검사결과에 치중하여 학생을 판별하고자 할 것이며, 이럴 경우 보다 유연하고 융통성 있게 영재교육을 제공하지 못하게 된다. 따라서 포괄성의 철학에 입각하여, 영재성은 시간과 장소, 상황에 따라 얼마든지 변화하기 때문에 영재성의 개념을 보다 폭넓고 융통성 있게 보아 영재를 판별하고, 이들에게 적절한 영재교육 프로그램을 제공하고자 하는 것이 바람직하다.

제2절 영재판별 방법

영재를 판별하는데 사용하는 다양한 검사방법과 도구를 소개하고 각각의 특성에 대해 설명하고자 한다.

1. 지능검사

전통적으로 영재판별에 가장 많이 활용된 방법은 지능검사이다. 터먼은 1920년대에 지능검사 상위1%(IQ 135이상)에 속하면서 학업성취가 우수한 학생을 영재로 판별하였고, 렌줄리는 평균이상의 지적능력(IQ 115 이상)과 높은 창의성, 높은 과제집착력이 중첩되는 부분에서 영재성이 판별된다고 하였다. 또한 영재판별은 개인지능 검사 IQ가 120이상이 되어야 한다는 미국 주정부의 지침이 있는 경우도 있다. 이상에서와 같이, 지능검사는 학생의 지적 능력을 정확하게 평가할 수 있는 한 가지 방법이지만, 지능검사만으로 영재성을 정확하게 판별하는 것은 한계가 있다.

영재판별에 활용되는 지능검사는 개인지능검사와 집단지능검사로 구분된다. 개인지능검사는 고차원적이고 종합적인 고등사고능력과 조작능력 등을 측정한다. 그러나 개인지능검사는 검사요원과 피험자가 일대일로 검사를 실시하기 때문에 시간과 비용이 많이 든다는 단점이 있다. 반면에 집단지능검사는 사용이 용이하고 비용이 저렴하고 해석이 용이한 장점이 있지만 고차원적인 사고능력과 조작능력 등을 종합적으로 측정하기 어려운 단점이 있다. 개인지능검사와 집단지능검사 모두 일반학생을 대상으로 제작된 것이기 때문에 능력이 매우 뛰어난 학생을 정확하게 변별하는 데는 어려움이 있다. 그러나 개인지능검사가 측정하는 영역이 더 광범위하며 종합적이기 때문에 영재를 판별할 경우, 집단지능검사보다 개인지능검사를 활용하는 것이 효과적이다.

지능검사는 가급적 최근에 개발되어 표준화된 것을 사용하며, 검사실시요강을 확인하여 검사의 신뢰도와 타당도가 높은 것을 사용하는 것이 바람직하다.

2. 창의성검사

최근 영재판별 과정에서 학생의 창의성 평가가 중요시되고 있다. 창의성은 새롭고 유용한 것을 만들어 내는 능력으로서 영재성을 판단하는 주요한 준거가 되고 있다. 영재판별에서 창의성검사는 확산적 사고력검사와 문제해결력검사의 유형으로 활용된다. 우선 확산적 사고력검사는 유창성, 융통성, 독창성, 정교성 등으로 측정되며, 토렌스가 개발한 검사가 대표적인 예이다. 유창성은 산출된 아이디어의 수, 융통성은 사고의 범주, 독창성은 아이디어의 독특성에 의해 점수화 된다. 또한 창의적 문제해결력검사는 낯선 문제 상황에 직면하여 지식, 원리, 문제해결방법을 새롭게 재구성하고 창안하여 문제를 해결하는 능력을 측정한다. 이러한 창의적 문제해결력은 하나의 답을 구하는 수렴적 사고와 다양한 대안적인 해결책을 고안하는 확산적 사고를 함께 측정한다.

3. 성취도검사

특수학문적성은 영재성의 중요한 요인이며, 표준화된 성취도검사를 통해 측정한다. 학교에서의 학업성적은 학교 내에서의 성취수준만을 알려주기 때문에 다른 학교 학생을 포함하여 그 또래에서의 상대적인 위치를 알려주지 못한다. 표준화된 성취도검사는 전국적인 수준의 규준에 근거해 점수를 산출하기 때문에 다른 학생과 비교하여 상대적인 위치를 파악할 수 있게 된다. 즉, 해당 교과영역에서 자신이 속한 연령의 학생 중 몇 %이내의 성취를 하였는지를 확인하게 된다.

4. 교사지명

교사가 학생에 대한 관찰을 토대로 그 학생이 영재인지 아닌지를 주관적으로 판단하여 지명하는 방법이다. 행동체크리스트 또는 평정척도는 교사지명 과정에서의 오류를 최소화하기 위한 방법으로 사용된다. 대부분 영재가 보여주는 행동특징들을 목록으로 제시하고 이를 기준으로 개별 학생을 평정하도록 한다. 영재판별에서 관찰과 지명은 전통적으로 많이 사용해온 방법이며 점점 더 그 중요성이 커지고 있다.

교사지명을 위해 활용되는 영재행동평정척도(Scales for Rating the Behavioral Characteristics of Superior Students, SRBCSS; Renzulli 등, 2002) 중 일부를 제시하면 다음과 같다.

- ○ 다양한 주제에 대한 폭넓은 정보를 가지고 있다
- ○ 사실적인 정보를 회상하고 숙달하는 속도가 빠르다
- ○ 어떤 주제나 문제에 열중하고 과제가 완성될 때까지 지속한다
- ○ 일상적인 일에는 쉽게 지루해 한다
- ○ 자기신념을 굽히지 않으며 자신의 주장이 강하다
- ○ 모든 것에 대해 끊임없이 질문하고 매사에 호기심이 많다
- ○ 모험심이 강하다
- ○ 약속을 중시하고 이를 잘 지키며 책임감이 강하다
- ○ 사고나 행동에 융통성이 있으며 새로운 환경에 잘 적응한다

5. 학부모지명

학부모의 관찰과 지명은 자신의 아동에 대한 객관적인 관찰이 불가능하고, 영재성과 영재판별에 대한 전문적 지식이 없다는 문제점

을 지닌다. 그러나 학교이외의 상황에서 나타난 영재성에 대해 정보를 얻을 수 있어 영재판별을 위한 다양한 정보 중 하나로 활용될 수 있다.

학부모지명을 위해 활용되는 양식(Davis 등, 2004)중 일부를 제시하면 다음과 같다.

- ○ 수준 높은 어휘를 사용하며, 자기자신을 잘 표현한다
- ○ 관계없는 사실들을 새롭고 다양한 방식으로 관련시킨다
- ○ 매사에 '왜'라는 질문을 자주 한다
- ○ 하나의 과제에 끝까지 매달린다
- ○ 독립적이고 자신에 대해 만족해 한다
- ○ 주의집중시간이 길다
- ○ 일찍부터 자기마음대로 하기를 원했다
- ○ 어른스럽다
- ○ 다른 사람들을 지배하려는 경향이 있다

6. 또래지명

또래들은 어떤 친구가 수학문제를 빨리 해결하고, 어떤 친구가 글을 제일 잘 읽고 이해하는지, 어려운 질문에 대답을 잘 하는지를 관찰해 왔기 때문에 정확하게 지명할 수 있다. 그러나 또래들은 공부 잘하는 학생을 영재로 지명하는 경우가 많으며, 어릴수록 더 그렇다. 따라서 또래지명이 타당한 것이 되기 위해서는 적어도 10세 이상이어야 한다.

또래지명 양식(Eisenberg 등, 1982) 중 일부를 제시하면 다음과 같다.

- ㅇ 과제를 함께 수행할 친구를 모은다면 누구를 리더로 선택하겠습니까?
- ㅇ 여러분이 숙제를 하는데 도움이 필요하다면 누구의 도움을 받고 싶은가요?
- ㅇ 누가 가장 이야기를 잘 하나요?
- ㅇ 누가 가장 문제를 잘 해결하나요?
- ㅇ 누구의 상상력이 가장 좋은가요?

7. 자기지명

자기지명은 학생 스스로가 자기보고서 형식으로 자신을 설명하는 방법이다. 학교내외에서의 활동과 성취, 동기, 흥미 등에 대해 서술하며, 교사나 학부모, 또래가 파악하기 어려운 특성을 이해할 수 있도록 한다.

일반적으로 자기보고서에 포함된 내용은 다음과 같다.

- ㅇ 자신의 능력과 재능에 대한 생각
- ㅇ 흥미/관심분야와 그 이유
- ㅇ 자신의 성취활동 소개
- ㅇ 미래의 계획
- ㅇ 영재교육을 받고 싶은 이유

8. 산출물평가

학교나 학교이외의 상황에서 나타난 영재성을 보여주는 산출물은 영재판별에 도움을 준다. 일반적으로 산출물평가는 창의성, 분석능력, 종합능력 등이 반영되며, 창의적 산출물에 대한 평가는 평정자(교사)간 편차가 나타날 수 있기 때문에 한 명 이상의 평정자가 평가에 참여해야 한다. 또한 학생의 영재성을 보여주는 산출물을 지속적으로 누적하여 정리, 보관하는 포트폴리오는 영재성을 정확하고 신뢰롭게 판별하는데 좋은 자료가 된다.

제3절 우리나라 영재교육대상자 선발 현황

1. 영재에 대한 정의

영재교육에서 그 교육대상자가 되는 영재들이 누구인가를 이해하는 것은 영재교육을 이해하는 출발점이 된다. 우리나라에서는 영재교육진흥법 제2조 제1항에서 영재를 '재능이 뛰어난 사람으로서 타고난 잠재력을 계발하기 위하여 특별한 교육을 필요로 하는 자'로 정의하고 있다. 또한 동법 제5조 제1항에서 규정한 영재교육 대상자는 일반 지능, 특수 학문 적성, 창의적 사고 능력, 예술적 재능, 신체적 재능, 그 밖의 특별한 재능 중 어느 하나가 뛰어나거나 잠재력이 우수한 사람이다.

2. 영재교육기관 및 영재교육대상자 수

영재교육진흥법에 규정한 영재교육기관은 크게 세 유형으로 구분된다. 단위학교나 지역공동으로 운영되는 영재학급과 시도교육청 또는 대학부설 형태로 운영되는 영재교육원, 그리고 영재학교이다. 영재학교의 영재교육은 정규 학교 교육과정인 반면에, 영재학급과 영재교육원에서 제공하는 영재교육은 학교 교과과정과는 별도로 프로그램 형태로 제공되는 일종의 비정규 교육과정이다. 영재교육원과 영재학급은 영재성 발굴과 저변 확대를 위해 영재교육의 기회 확대와 활성화를 목적으로 방과 후나 주말 등을 이용한 특별

프로그램 형태로 운영되고 있다. 2008년 5월 현재, 시도교육청 산하에 580개의 영재학급과 226개의 영재교육원, 그리고 39개의 대학부설 영재교육원과 1개의 영재학교로 총 846개의 기관에서 영재교육 프로그램을 제공하고 있다. 2008년 5월 현재, 총 55,058명의 초·중·고 학생이 영재교육을 받고 있다.

3. 영재교육대상자 선발 방법

시도교육청 영재교육기관의 영재교육대상자 선발은 초등학생 4~6학년, 중학생 1~2학년을 대상으로 매년 12월부터 다음연도 2월까지 실시한다. 시도교육청마다 약간씩 다르지만 대체로 1단계 학교장 추천, 2단계 영재성검사, 3단계 학문적성검사, 4단계 심층면접으로 다단계에 걸쳐 이루어지며 영재성검사와 학문적성검사는 한국교육개발원에서 전국 16개 시도교육청 공동사업으로 위탁하여 개발한 선발도구로 사용한다.

한편, 대학 과학영재교육원의 영재교육대상자 선발은 설치 대학별로 자율적으로 시행되며 매년 12월 초부터 다음연도 2월까지 초등학생 4~6학년, 중학생 1~2학년을 대상으로 실시한다. 선발방식도 서류전형, 창의적 문제해결력 검사, 기초학력평가, 논술형 지필고사, 심층면접 등을 내용으로 각기 2단계 또는 3단계에 걸쳐 선발한다.

따라서 시도교육청과 대학의 영재교육대상자 선발대상은 초등학교 4~6학년, 중학교 1~2학년으로 동일하고, 선발시기도 약간의 차이가 있지만, 12월부터 다음연도 2월까지로 유사하며 다양한 준거를 통해 다단계에 걸쳐 선발하는 방식도 유사하다.

4. 영재교육대상자 특성

현재 영재로 선발되어 이들 영재교육기관에서 영재교육을 받고 있는 우리나라 초·중학교 영재학생이 또래에 비하여 매우 높은 지능을 가지고 있고, 논리적 사고력과 창의적 문제해결력 또한 매우 우수함을 보인다(김미숙 외, 2004). 또한 영재학생은 일반적으로 또래보다 학습에 대한 선호가 높고 비판적 사고, 자기모니터링 등 매우 우수한 상위인지능력을 보이고 있다. 창의적 인성과 관련하여 우리나라 영재들은 호기심, 모험심, 독립성이 또래보다 높게 나타났으며, 특히 자기확신이 강하고, 보다 개방적이고 상상력이 풍부하였다. 또한 이들은 일반적으로 친구관계가 긍정적이고 자신의 학습방식이나 결과에 만족하고 있는 것으로 나타난 반면, 학교에서 이루어지는 교수학습 활동에 대한 만족감은 상대적으로 떨어지는 특성을 보여 주었다. 한편 창의성과 리더십이 일반학생보다 뛰어나지만 창의성 영역 중 독창성 부분이 취약한 것으로 나타나고, 높은 학년의 창의성이 낮은 학년보다 높게 나타난 반면에 리더십 수준은 학년 간 차이 없이 동일하게 나타났다. 가정환경적 측면에서 영재학생의 월평균 가정소득은 약 439만원으로 약 297만원인 일반학생의 가정보다 월등히 많으며, 부모의 교육적 지원도 더 높게 나타났다. 따라서 이를 요약하면 우리나라에서 영재로 선발된 학생들의 일반적인 특성은 지능이 우수하고 학습을 좋아하며 성실하며 친구관계가 원만하고 리더십이 있는 모범학생들이라 할 수 있으며 가정의 경제적, 사회·심리적 환경 여건이 상대적으로 좋은 학생들임을 알 수 있다(김미숙, 2007).

참/고/문/헌

김미숙, 조석희, 윤초희, 진석언(2004). **중학생 영재의 지적·정의적 특성에 따른 효과적인 교수학습 전략 탐색**. 수탁연구 CR 2004-40. 한국교육개발원.

김미숙(2007). 한국의 영재선발 현황과 개선 방향. **영재선발의 세계적 동향과 개선방향을 위한 국제 심포지엄**. 연구자료 RM 2007-45. 한국교육개발원.

김미숙, 이희현(2008). **시도교육청과 대학의 영재교육기관 운영 효율화 방안 연구**. 연구보고 RR 2008-34. 한국교육개발원.

박성익, 조석희, 김홍원, 이지현, 윤여홍, 진석언, 한기순(2003). **영재교육학원론**. 교육과학사.

이경화, 최병연, 박숙희(2005). **영재교육**. 박학사.

Eisenberg, D., & Epstein, E.(1982). *The special gifted student*. New York: Special Education Training and Resource Center.

Renzulli, J. S., Smith, L. H., White, A. J., Callahan, C. M., Hartman, R. K., Westberg, K. L.(2002). *Scales for Rating the Behavioral Characteristics of Superior Students*(Revised ed.). Mansfield Center, CT: Creating Learning Press.

제 5 장

창의성 교육

제5장
창의성 교육

제 5 장
창의성 교육

일반적으로 영재는 아동에게 적용되는 반면, 발달 측면에서 창의성은 성인에게 적용된다. 영재성이 있다는 말은 '타고난' 재능이 있다는 뜻이고 자신의 노력으로 무엇인가를 개발하거나 산출하는 것을 뜻하지 않는다. 반면, 창의성이란 말은 일관되고 의도적인 행동을 의미하며, 단지 개인의 타고난 성향뿐만 아니라 창의적 잠재력을 지닌 개인과 이를 지원하는 환경 간의 역동적 상호작용에 의해 출현하는 구체적인 산물 또는 현상을 의미한다.

제1절 창의성의 정의

1. 창의성이란 무엇인가

창의성이란 새로운 아이디어 혹은 산물들을 생성하는 정신적이고 사회적인 과정으로 보기도 하고, 현존하는 아이디어나 개념들을 새롭게 연합시키는 과정으로 정의하기도 한다. 혹은 어떤 이들은 창의성이란 의식적인 또는 무의식적인 통찰의 과정에 의해서 이루어진다고 주장하기도 하고, 또 다른 사람들은 새로운 무언가를 만드는 행위라고 단순히 일컫기도 한다(Wikipedia, 2009).

과학적 관점에서 본다면, 창의적 사고(이를 확산적 사고라고 간주하기도 한다)란 독창성(originality)과 적응성(appropriateness) 두 가지 요소가 반드시 포함되어야 한다. 직관적으로 매우 단순한 현상처럼 생각될지 모르지만, 창의성은 상당히 복합적인 현상이다.

행동 심리학, 사회 심리학, 심리측정학, 인지 과학, 인공 지능, 철학, 역사, 경제학, 디자인학, 사업과 경영 등 수많은 분야에서 창의성에 대해 연구해 왔다. 과학의 다른 분야와는 달리, 창의성에 대한 단일하고도 확고부동한 정의나 관점은 존재하지 않는다. 마찬가지로 다른 심리적 현상과는 달리 표준화된 측정 기법도 존재하지 않는다. 그럼에도 불구하고 모든 분야의 산업에서는 창의적 아이디어를 추구하고 창의성을 개발하는 데 노력을 기울이는 것은 모든 종류의 혁신 또는 개발의 핵심이 바로 창의성이기 때문이다.

창의성의 원천은 매우 다양하다. 과거에는 창의성이란 천재들에게만 내려진 신의 선물이라고 여겼던 적도 있었다. 그러나 지금은 사람들의 머릿속에서 일어나는 새로운 아이디어를 생성하는 데 요구되는 인지적 사고 과정이나 성격적 특성들, 그리고 이러한 아이디어를 지원하는 부모나 학교 더 나아가 사회적 시스템 등이 서로 상호작용하여 출현하는 것으로 생각한다. 이에 더하여 아인슈타인이나 고흐 같은 역사적인 창조가가 되기 위해서는 우연히 찾아오는 운 또는 기회가 있어야 함을 부정할 수 없다.

창의적인 아이디어는 일상적인 수준에서부터 역사적인 수준에 이르기까지 다양하다. 전자에 관심을 갖는 학자들은 창의성을 우리 모두가 갖고 태어나는 것으로 간주한다. 지능이 0점인 사람이 존재하지 않듯이 창의성이 0점인 사람은 없다는 것이다. 또한 이 입장에서는 단순한 기법들에 의해서 창의성은 학습될 수 있고 향상될 수 있다고 본다. 엄마들이 가족들을 위해 조금씩 새로운 조리법을 개발하는 것, 연필과 지우개를 따로 사용하던 아이가 연필 끝에 지우개를 매달아 사용하는 것, 시각장애우를 위해 신호등을 소리로 대치하자는 아이디어를 낸 여학생 등은 일상적 창의성에 해당하는 좋은 예들이다.

반면, 후자의 경우는 역사적으로 위대한 산물을 생산한 천재들을 통해서 창의적 현상을 연구한다. 천재들의 창의성을 연구한다고 해서 창의성이 반드시 천재들에게서만 나타나는 특별한 현상이라고 보는 것이 아니라, 누구도 부인할 수 없는 창의적인 천재들의 삶으로부터 다른 모든 사람들의 삶이 좀 더 창의적이 될 수 있는 방법을 배우고자 하는 것이다. 예컨대, 찰스 다윈을 연구한 그루버라는 학자는 다윈이 어렸을 때 매우 평범한 학생이었다는 점과 다윈의 진화론에 대한 아이디어는 그의 평생에 걸쳐서 조금씩 조금씩 진화해 왔다는 사실을 밝혔다. 위대한 천재 또는 창조가로 부르는데 아무도 주저하지 않는 다윈, 그의 삶을 통해 그루버는 창조란 '신이 내려준 특별한 영감'에 의해서가 아니라, 평생에 걸친 헌신과 노력에 의한 것이라는 점을 강조했다.

우리가 관심을 두고 있는 대상은 보통 사람들보다 창의적 잠재력이 더 많을 것이라고 판정된 영재들이므로 이 글에서는 후자의 입장에서 창의성을 접근하는 것이 보다 적절하다. 영재들은 이미 미래에 역사적 수준의 창의적 아이디어를 생산하는 데 필요한 개인적 자질의 일부를 잘 갖추고 있기 때문이다. 영재들은 똑똑한 아이들이다. 똑똑한 사람들이 창의적인 사람이 되는 것은 그렇지 않은 사람에 비해 유리할 수도 있지만, 반드시 똑똑하다고 해서 창의적인 아이디어나 산물을 생산하는 것은 아니다. 이와 관련해서 칙센미하이(Mihaly Csikszentmihalyi, 1996)는 일반적으로 창의적이라고 일컬어지는 현상을 다음 세 가지로 구분하였다.

- 색다른 생각을 표현하고, 재미있고, 톡톡 튀는 사람, 간단히 말해 특별히 명석하게 보이는 사람에게 창의적이라는 말을 한다. 말재주가 좋은 사람들은 다양한 관심을 갖고 있으며 이해가 빠

르다는 점에서 창의적이라고 불릴 수 있다. 말재주가 좋은 그들이 새로운 무언가를 생산하지 않는 한, 그런 사람들은 '똑똑한' 사람이라고 불릴 수는 있지만, 창의적인 사람은 아니다.

- 새롭고 독특한 방식으로 세상을 경험하는 사람을 가리켜 창의적이라고 말하기도 한다. 그들은 감각이 신선하고 통찰력이 뛰어나며 스스로 중요한 발견을 했다고 믿는 사람들이다. 그러나 이러한 사람들은 기존에 존재하지 않았던 것을 만들었으므로 '독창적' 이라고 할 수는 있지만, 창의적인 사람이라고 말하기는 어렵다. 창의성이란 새로우면서도 가치로운 것이어야 하기 때문이다. 이에 대해서는 다음에 자세히 알아보기로 한다.

- 세종대왕, 장영실, 피카소, 또는 아인슈타인처럼 우리의 문명을 변화시키는 사람들이 있다. 그들은 논란의 여지없이 '창의적'인 사람들이다. 왜냐하면 그들의 업적은 기존에 없는 새로운 것이고, 또한 역사적으로 그 가치를 인정받은 것이기 때문이다. 그러나 이들 중 많은 사람들은 흔히 생각하는 것처럼 재미있고, 톡톡 튀는 사람이거나 감각이 신선하고 통찰력이 뛰어난 그러한 사람들은 아닐 수도 있다. 레오나르도 다빈치는 고독하고 강박관념에 사로잡힌 사람이었다. 만일 우리가 그를 어느 모임에서 만났다면 지루하기 짝이 없는 사람이라고 생각하고 외면해버렸을 것이다. 뉴튼이나 에디슨도 과학에 대한 관심 외에는 무미건조하고 소극적인 사람이었다.

똑똑하거나 독창적인 사람은 창의적인 아이디어를 생산할 수 있는 잠재력이 크다. 그러나 이들이 한 분야에 오랫동안 헌신하여 그 분야를 변화시킬만한 어떠한 기여도 하지 않았다면, 후손들이 그들을 창의적인 사람으로 인식할 수 있는 방법은 없다. 반면, 그리 지적으로 특출나거나 독창적이지도 않아 보이는 사람이 꾸준한 노력을 통해 역사를 변화시키는 데 공헌을 했다면, 그는 분명히 창의적이다.

2. 창의성에 대한 오해

사람들은 흔히 창의성을 기존에 없는 새로운 것 아니면, 개인이 갖고 있는 성향 정도로 생각한다. 그러나 창의성을 연구하는 학자들, 특히 역사적 수준의 창의성을 연구하는 학자들은 다른 생각을 갖는다. 그들이 내린 창의성에 관한 정의 하나를 살펴보자.

> "창의적 개인이란 특정 영역에서 오랫동안 헌신하여 어느 누가 봐도 의미 있는 영향을 미친 전문가이다. 또한 새로움뿐만 아니라 가치로운 것이어야 한다는 점에서 창의적 작업이란 그 영역의 미래 작업에 중요한 영향을 미친 것을 의미한다. 그리고 창의적 산물이나 창의적 개인 모두 사회로부터 승인을 받아야만 하는 존재론적 특성을 지녔다는 점에서 '체제적'이라고 본다(Policastro & Gardner, 1999)."

이 정의는 기존의 관점과는 크게 다르다. 기존의 창의성 연구는 창의성을 단지 '개인(또는 보통의 개인)'으로부터 찾으려고 했다(Lubart, 1999). 즉 창의성 검사에서 높은 점수를 받은 사람과 그렇지 않은 사람을 구분하고, 이들 간의 지적, 성격적, 동기적 특성의 차이점이 무엇인가를 밝히고자 했다. 그러나 역사적 수준의 창의성 연구가들은 창의적 과정을 전문가와 그가 헌신하는 작업 그리고 그것들을 둘러싼 미시적, 거시적 환경과의 상호작용으로 파악한다.

다시 말해 창의성이란 개인의 지적, 성격적, 동기적 성향과 유사한 그 어떤 개인적 특성이 아니라, 이런 것들의 종합체인 개인의 잠재력과 그를 둘러싼 환경 간의 역동적 상호작용을 통해 출현하는 하나의 현상이라고 보는 것이다. 앞 절에서도 이러한 점을 어느 정도 언급했지만, 여기서는 창의성에 대해 일반인들이 갖기 쉬운 가장 큰 오해 두 가지 점에 대해 좀 더 상세히 다루고자 한다.

• 창의성은 새로운 것이다

창의성은 단지 '새로운 것'을 만드는 것이다라고 생각하기 쉽다. 다른 사람들이 생각하지 못한 독특한 아이디어 또는 기존에는 존재하지 않았던 어떤 것을 만들어 낸다면 우리들은 그런 사람을 창의적이라고 흔히 부른다. 그러나 어떤 산물이 새롭다라는 특성만 가지고는 창의적인 것으로 간주될 수 없다. 그 이유는 창의성이란 의미 속에는 그것을 만든 사람이 작업하는 분야에서 그 산물의 가치를 인정받아야 하기 때문이다. 이를 '적응적'이어야 한다고 말한다. 적응적이란 말의 의미는 개인에 의해 생산된 새로운 아이디어나 산물이 그가 헌신하는 분야에 속해 있는 사람들, 예를 들어 동료, 교사, 혹은 소비자 등에 의해 그 가치가 인정되었다는 뜻이다.

적응적이라는 말의 의미를 이해하기 위해 몇 가지 예를 들어보자. 오늘날 대부분의 사람들은 반 고흐의 그림이 매우 창의적이라는 것을 인정한다. 그러나 그가 살던 시대의 무식한 부르주아들은 그의 천재성을 알아보지 못하고 비웃었고, 그래서 그를 돈 한 푼 없이 홀로 죽게 내버려두었다. 우리는 백 년 전 만해도 그 그림들을 반사회적 은둔자의 환각적인 (새로운) 작품이라고만 치부했었다는 것을 명심해야만 한다. 그 그림들은 수많은 다른 예술가들, 비평가들, 수집가들이 새로운 기준으로 해석하여 걸작으로 만들어 놓은 후에야 비로소 창의적인 것으로 인식되었다(Csikszentmihalyi, 1999).

좀더 대중적인 분야의 예로, 한 10년 전쯤 한 음료회사에서 'ㅇㅇ 옐로콜라'라는 노란색 콜라를 출시한 적이 있다. 노란색 콜라는 전 세계적으로 처음 생산된 것으로 이 회사에서는 콜라가 색에 대한 고정관념이 가장 강한 제품이라는 점을 역으로 이용해 기존 콜라의 검은 색과 대비되는 밝고 화려한 컬러를 입힌다는 발상의 전환을 통해 틈새시장을 노렸다. 이러한 전략은 사람들의 호기심을 자극했고, 출시 직후 10~20대를 중심으로 가파른 판매 곡선을 보였다. 그러나 생산된 지 2년여 만에 생산은 중단되고 말았다. 그 이유는 독자들도 충분히 생각해낼 수 있을 것이다. 노란색 콜라는 기존에 존재하지 않은 새로운 것이고, 분명 독창적인 아이디어였다. 그러나 콜라를 평가하는 수요자들의 입맛에 적응하는 데는 결국 실패한 것이다.

창의성은 사회적 평가를 동반할 수 밖에 없다. 사회적 평가라는 장치가 없다면, 정말로 창의적인 것과 단지 기괴한 아이디어들을 어떻게 구분하겠는가. 타당하지 않은 아이디어 혹은 생산물에 한에서 독창적이라고는 하지만 창의적이라고는 할 수 없는 것이다. 창의적 잠재력을 풍부하게 지닌 영재학생들이 유의해야할 점은 바로 이것이다. 만일 우리가 생산한 산물이 창의적이기를 원한다면, 우리가 헌신하는 분야의 평가 기준을 잘 알고 있어야 한다는 점이다. 예술, 과학, 경제 등 어느 분야를 막론하고, 그 분야 내에는 새로움에 대한 가치 기준이 존재한다. 전문가들은 묵시적으로 이러한 내적 기준들을 훈련받은 사람들이며, 이러한 기준에 의해 새로우면서 가치로운 것과 단지 새롭기만 한 것 간의 차이를 평가할 수 있다. 200개 이상의 특허를 갖고 있는 미국의 유명한 한 발명가는 자신이 일하는 분야의 내적 기준을 내면화하는 일이 얼마나 중요한 일이지 다음과 같이 설명한다.

> "...당신이 생각하고 있는 것 가운데 쓰레기를 제거할 수 있는 능력을 갖추어야만 한다. 당신은 좋은 아이디어만을 생각할 수 없고, 아름다운 음악만을 작곡할 수는 없다. 많은 음악, 아이디어, 시, 무엇이든지 많은 것을 생각해야만 한다. 그리고 당신이 좋은 것이라도, 알릴 수 없는 것이라면 즉각적으로 폐기물 속으로 던져버릴 수 있어야 한다.....만일 당신이 갖고 있는 아이디어가 좋은 것인지 나쁜 것인지 알지 못한다면, 그것을 표준 사무국으로 보내라. 국제적 표준 협회에 내가 일하고 있고, 우리는 그것들을 평가할 것이다... (Csikszentmihalyi, 1999 재인용)"

• 창의성은 개인의 성향 또는 능력이다

창의성이 개인의 성향이나 능력으로만 결정된다는 오해를 하기 쉽다. 물론 창의적인 산물을 생산하는 데 있어서 개인의 공헌은 매우 중요하다. 그러나 개인의 노력만으로 역사적 수준의 산물을 생산하는 것이 과연 가능한 일일까?

만일 그렇다면, 우리는 왜 노벨상 수상자가 단 한 명뿐인가? 그것도 창의성과 크게 관련이 없는 평화상에서만 수상자가 나왔을 뿐이다. 누가 창의적인 인물인지를 평가해주는 세계적으로 가장 권위 있는 시스템은 현재로서는 노벨상이다. 창의성이 개인의 특성만이라고 생각한다면, 한국인들은 노벨상 수상자를 많이 배출한 미국이나 일본인에 비해 창의성 수준이 떨어진다고 말해야 한다. 그러나 우리는 어느 누구도 이러한 생각에 전적으로 동의하지는 못할 것이다.

다른 예를 들어보면, 한국이 낳은 세계적인 아티스트 백남준은 1960년대 뉴욕으로 건너가 그 곳에서 비디오 아트라는 새로운 예술의 장르를 탄생 시켰다. 그 당시 예술의 중심은 파리에서 뉴욕으로 이동하고 있었고, 다양한 생각과 문화가 수용되어지는 뉴욕은 그야말로 예술의 메카였다. 그 당시 전쟁으로 인해 경제적, 문화적으로 열악한 상황에 있던 한국에 백남준이 계속 살았다면, 그의 새로운 예술이 과연 탄생할 수 있었을까?

창의성은 분명 개인에 의해 생산되는 것이다. 그러나 이러한 개인을 지원하는 사회문화적 환경 역시 매우 중요한 원천이다. 부모의 관심과 지원, 교사의 격려, 동료들의 지지, 풍부한 정보, 경제적 지원, 문화적 자극 등이 개인의 창의적 성향과 상호작용하여만 비로소 창의적 산물이 생산되는 것이다. 창의성의 발현에 있어서 환경의 영향, 중요성에 대해서는 제 4절에서 좀 더 자세히 다룬다.

제2절 창의적인 인물의 발달적 특징

1. 어린 시절: 창의성의 잠재기

• 출생 순위

창의적 성취를 이루는 사람들 중에는 첫째들이 많다는 주장이 있지만(Galton, 1874), 이보다는 출생순위는 창의적 활동 영역과 더 관련된다는 경험적 연구가 설득력 있어 보인다. 즉, 첫째들은 보수적 과학자나 클래식 작곡가인 경우가 많고, 둘째 이후부터는 혁명적 과학자나 현대적 작곡가들 중에서 많다는 것이다. 이러한 관계는 기성 정치지도자와 혁명적 정치지도자 사이에서도 비슷했다(Simonton, 1999). 이는 부모의 양육태도가 아이들의 출생순위에 따라 다르고, 이러한 경험의 차이가 아이들이 직업을 선택할 때 영향을 미친다고 해석할 수 있다.

• 재능

한 개인이 특별한 재능(talent)이나 선천적 능력을 갖고 태어났다면, 그러한 사람은 창의적인 성취를 이루기가 좀 더 쉬울 것이다. 훌륭한 음악가들은 어린 시절부터 소리에 대해 범상치 않게 민감했고, 미술가들은 색, 빛 형상 등에 대해 자신들의 기예를 훈련하기 전에 이미 예민했다. 또한 이른바 어린 시절의 "결정적 경험"이 이후의 창조가로서의 발달에 필수적이라는 주장도 있다(Walters & Gardner, 1986). 여기서 결정적 경험이란 예컨대 특별한 시집, 수학교재, 그림 등과의 만남을 들 수 있다. 반면, 창의적 공헌을 한 많은 사람들 중에서는 어린 시절에는 특별한 점을 보이지 않고, 성인기 초기까지도 남들에 비해 비범한 것으로 인식되지 못한 사람들도 있다(Csikszentmihalyi, 1999).

• 주변인

창의적 인물들 중에서는 지역공동체의 주변인으로 성장했다는 것이 관찰되어 왔다. 많은 사람들이 어릴 적 고아가 되었거나, 현실적 가난과 사회적 편견 등에 맞서야 했고, 혹은 친구들에게 따돌림을 받아야 했다. 한편, 조울증과 같은 특정 질병이 창의적 행동(허구소설을 쓰는 것과 같은)과 관련이 있다는 연구들도 있다(Jamison, 1989).

그러나 대부분의 고아와 정신적으로 문제가 있는 사람들이 창의성과 거리가 멀기 때문에 우리가 관심을 가질 부분은 창의적 인물들이 자신이 갖고 있는 약점을 어떻게 다루는가 하는 점이다. 기가 죽거나 다른 직업으로 바꾸기보다는 오히려 창의적 인물들은 자신들의 약점을 강점으로 전환시키고 이득을 취할 수 있다.

예컨대, 가드너(1993)가 연구한 20세기 창의적 천재 7인 모두 그들이 일했던 사회에서 이방인이었다. 아인슈타인은 독일에서 스위스, 이탈리아를 거쳐 미국으로 이사를 했고, 잘 알려진 바와 같이 어린 시절 수학과 공간 능력을 제외하면 매우 평범한 학생이었다. 무용가 마사 그래함은 어린 시절에 서부에서 캘리포니아로 이사를 했는데, 그곳은 그녀가 아시아의 예술에 노출되고 영향을 받게 된 곳이었다. 또한 프로이드는 카톨릭교가 지배적인 비엔나에서 가난한 유대인으로 태어났으며, 세계적인 수준의 과학자로서 성공하는데 실패하자 심리분석이라고 불리는 새로운 유사 과학적 영역으로 직업을 옮김으로써 자신의 강점인 언어지능과 대인 간 지능을 개척했다.

사회에 편안하게 정착해있는 사람들은 안정된 상태를 굳이 바꿀 필요가 없는지도 모른다. 또한 자신의 모든 결점을 하나의 기회로 삼을 수 있을 만큼 의지나 목표의식이 분명한 사람들만이 역사를 바꿀 수 있는 험난한 여정에 기꺼이 동참할지는 모르겠다.

• 가족 배경

창의적 인물들의 가정환경 중 가장 주목해야 할 부분은 그들의 호기심과 흥미를 발달시키기 위한 충분한 에너지를 공급하는 환경이었는가? 하는 점이다. 필요는 "발명의 어머니이다"라고 말할 때에도 극단적인 궁핍은 혁신적 사고를 저해할 수 있다. 생존이 불확실할 때, 학습이나 실험을 위한 에너지는 남아 있지 않을 것이다. 책, 교육, 지적 자극의 결핍은 분명 해로운 영향을 미친다. 재능 있는 사람이 빈민가에서 탄생하는 것이 불가능한 일은 아니지만, 한 분야의 기본적 도구들에 접근하기 어렵기 때문에 잠재성을 지닌 많은 사람들을 잃어버리게 될 것이다.

창의성 발달과 좀 더 관련이 되는 것은 가정의 경제자본의 수준이 아니라 문화자본의 수준이다. 문화자본이란 부모들의 높은 교육적 열망, 가정에서 배우는 비학문적 지식, 그리고 학습할 수 있는 기회 등을 말한다. 정말 가난한 가정이라도 부모들이 자녀들에게 꾸준히 책을 읽어주는 환경에서 자라게 한다면, 자녀들은 지적인 활동에 관심을 기울이고, 자신이 처한 운명에서 벗어날 수 있을 것이다(Bettie & Csikszentmihalyi, 1981).

• 형식교육

정규 교육과정을 밟는 것이 과연 창의적 수행에 긍정적인 영향을 미치는가? 일부 연구자들은 많은 창의적 천재들이 주변적인 가족 배경에서 나온 것처럼, 주목할 만한 창조가들은 주류 교육이나 전문적 교육 환경과는 거리가 먼 경향이 있다고 하였다(예, Simonton, 1999). 챔버스(1973)는 대학교육 자체의 효과보다는 학생과 교수의 관계의 질이 중요하다고 하면서, 학생들의 창의성을 촉진시키는 교수들은 특히 개인적으로 학생들과 만나는 시간이 매우 많은 것으로 보고하였다.

•역할모델과 멘토

창의적 재능의 출현과 역할모델이나 멘토와의 관계를 한마디로 말하기는 어렵다. 역할모델이나 멘토는 창의적 발달을 돕기도 하고, 그러한 성장을 방해하기도 한다. 특히 다른 사람의 작품을 지나치게 모방했을 때 그러하다. 그러나 창의적인 성취를 위해 젊은 이들이 전문가에 의해 훈련을 받는 것은 필수불가결한 일이다. 부모는 아동에게 필요한 교육이나 자원을 제공할 뿐만 아니라 스승도 제공할 수 있어야 한다. 창조가들 중에서는 자신에게 문호를 개방한 스승과의 우연한 만남을 통해 위대한 성취를 이룬 사람들이 많다. 그리고 그러한 만남은 대학이나 실험실, 또는 예술 활동 센터

등 다양한 모델과 스승들이 있는 곳에서 좀 더 잘 이루어지는 경향이 있다(Simonton, 1984).

2. 성인기: 창의성의 확립기

• 연령과 창의적 성취의 관계

창의적 기여를 할 확률이 나이에 따라 어떻게 변화하는지를 연구한 시몬톤은 오랜 연구결과 다음과 같은 결론을 제시하였다(최지은, 2003). ① 창조적 생산성과 연령의 관계는 거꾸로 된 J자 모양의 곡선적 함수관계이다. 즉, 생산성은 그 정점까지 비교적 급격한 증가를 보이다가 정점 이후에는 완만하게 후퇴하는 경향을 보인다. ② 생활연령보다는 한 분야에 종사한 시간, 즉 경력(career age)이 창의적 생산성을 더 잘 설명하는 경향이 있다. 적어도 경력이 10년 정도가 되어야만 특정 분야에서 전문가로서 생산성을 보일 수 있다. ③ 생산성과 연령과의 관계를 나타내는 곡선은 첫-생산연령, 절정 연령, 그리고 후기-절정 연령의 지점이 분야마다 다르다.

예컨대, 시인과 수학자는 30세쯤 창의성의 정점에 이른 후 빠르게 쇠퇴하는 경향이 있고, 인문학은 정점에 천천히 이르고 느리게 하락하는 경향이 있다(Simonton, 1994). ④ 산출의 질은 산출의 양과 밀접하게 관련된다. 즉 생산성이 높은 사람들 중에서 질적으로 우수한 산물이 나올 가능성이 크다는 의미다. ⑤ 어린 시절의 지적으로 비범함을 보이는 사람과 장수하는 사람들 중에서 높은 생산성을 보이는 경우가 많다.

• 인생의 코스

가드너(1993)의 연구에서 20세기 창의적 천재들은 어떤 일정한 인생의 코스를 밟아온 것으로 나타났다. 다음은 이들의 삶에서 공통적인 패턴들을 기술한 것이다.

- 다른 지역에서 출생해서 문화의 중심지로 이사했다.
- 중상층의 어린 시절을 보냈고, 가정에서 엄격한 훈육을 받았다.
- 청년기에 또는 청년기 이후에 중요한 문화적 중심지로 나갔다.
- 비슷한 재능과 야망을 지닌 동료들을 발견했다.
- 제한된 선택 범위 내에서 하나의 분야를 선택했다.
- 권위에 기꺼이 도전했다. 현재의 관습에 대항하기 위해 직접적으로 방법으로 또는 창의적 작업을 통해서 도전했다.
- 전문적인 지식을 마스터하기 위해서 10년을 투자했다.
- 전문가로서 창의적 성취는 천천히 이루어졌다.
- 위험하고 멀리 떨어져 있는 지역들을 탐색했다.
- 고립감을 느꼈다.
- 도약의 시기 동안 최소한 한 명이라도 편안함을 제공하는 정서적 지지자와 그들의 획기적인 아이디어를 이해해주는 인지적 지지자들이 있었다.

이들 창조가들은 자신의 성취에서 최고의 도약을 한 이후에도 일정한 인생의 패턴을 보였다. ① 두 번째 도약이 이루어지기까지 대략 10년의 간격이 있었다. 이때는 좀 더 통합적이고 종합적인 경향을 보였으며, 급진적이거나 인습 타파적인 경향은 약화되었다. ② 창조가들은 자신들의 작업이 처음 의도와는 다르게 사용되는 것을 보았고, 이러한 부당한 사용에 대해 영향력을 행사할지의 여부를 결정해야만 했다. ③ 창조가와 개인적 관계를 맺는 것은 개인적인 손상을 입을만한 큰 모험이기도 했다. 왜냐하면 창조가들은 다른 사람들을 거의 보살피지 않기 때문이다. 실제로 창조가는 나이가 들어가면서 점점 더 자신을 일 자체와 동일시하는 경향이 있다.

제3절 창의적인 인물의 심리적 특성

앞 절에서 창의성은 개인 수준에 머무는 것이 아니라 창의적 개인과 그를 둘러싼 환경이 역동적으로 상호작용하여 출현하는 현상으로 정의하였다. 즉, 창의성의 출현에 기여하는 요소는 창의적 개인과 환경이다. 이 중 여기서는 창의적 산물이나 아이디어를 직접적으로 생산하는 개인의 특성에 대해 알아본다. 무언가를 창조하려는 사람은 자신이 갖고 있는 지식 기반을 사용하여 정보를 조작하거나 처리할 것이다. 이러한 사용가능한 지식들은 그의 머리 속에서 창의적인 인지 과정을 거치게 될 것이고, 개인의 기질이나 특성은 창의적인 인지 과정을 동기화시키고 통제할 것이다. 배경 지식, 인지적 사고과정, 그리고 동기 요인들이 창의적인 사고과정에서 서로 상호작용한다(Feldhusen, 1993).

1. 지식

지식은 창의적인 사고와 문제해결을 하는 데 있어서 근본적인 정보 자원이다. 지식은 적어도 10만 개의 정보, 개념, 정의 등으로 구성되어 있으며, 전문적 지식을 학습하거나 획득하는 데 적어도 10년 이상이 걸린다. 창의적인 사고가들은 그 분야의 전문가들이라고 볼 수 있는데, 이들의 정신 속에는 정보가 쉽게 그리고 선택적으로 인출될 수 있도록 유기적으로 결합되어 있고, 절차적 지식이 풍부하며, 효율적으로 구조화되어 있다. 다시 말해 전문가들은 비전문가에 비해 지식의 양이 많을 뿐만 아니라 저장되어 있는 지식의 구조도 다르다.

창의성 연구가들 중에서는 창의적 사고 과정이란 순간적인 통찰

(insight)에 의해서 이루어지는 것으로 주장하는 이가 있다(예, Feldmen, 1988). 잘 알려진 대로 아르키메데스는 욕조에 들어가는 순간 물이 탕 밖으로 흘러넘치는 것을 관찰하고, 순간적으로 부력의 원리를 발견했다. 이 순간 '아하! 그렇지' 라는 순간적 경험이 바로 통찰의 순간이다. 우리는 통찰이란 찰나적으로 스치듯이 지나가는 번득이는 아이디어라고 생각하기 쉽다.

그러나 아르키메데스의 예처럼 그가 금반지의 무게를 알아오라는 왕의 명령을 받은 후, 얼마나 오랫동안 숙고의 시간을 거쳤을지 상상해보라. 또한 그 이전 오랫동안 그는 이 분야의 최고의 전문가였다. 찰스 다윈의 생애를 연구한 그루버(1981)는 "...다윈의 진화론에 대한 통찰은 지축을 흔드는 듯한 경험을 통해 나온 것이 아니라, 그의 생애 전체를 통해 서서히 진화한 것이다…"라고 하였다.

어떤 분야의 창의적 산물을 산출하기 위해서는 그 분야에 오래전부터 축적된 정보들을 획득해야만 비로소 새로운 산물이 그 분야에 첨가될 수 있다. 1982년 미국 다음으로 세계 최초로 인터넷을 발견한 전길남 박사는 인터넷을 발견할 당시 하루에 5편씩, 한 달이면 약 100여권 이상의 전문적 저널을 읽었다고 술회하였다. 그는 자신이 생각하고 있는 아이디어를 확장시키는 데 그러한 지식을 사용했을 것이고, 또한 중요한 것은 자신이 하고자 하는 일이 세계에서 처음인가 혹시 이미 다른 사람이 발견해 놓은 것은 아닌가 하는 점을 알기 위해서였다고 했다. 어느 대학의 문예창작과의 시험문제는 다른 사람의 시를 그대로 외워서 쓰는 것이다. 그러한 과정에서 학생들은 시의 다양한 형식을 접할 수 있을 뿐만 아니라 자신이 쓰고자 하는 내용이 이미 다른 사람에 의해 사용된 것은 아닌가를 판단할 수 있게 된다.

배경 지식은 개인이 갖고 있는 서술적 정보와 절차적 정보의 합이고, 그것은 창의적인 사고가의 머릿속에서 큰 부분을 차지하고 있으며, 창조를 위해 재구성되기를 기다리고 있다. 그러한 지식들은 다양한 경험을 통해서 획득되고, 새로운 인지 활동에 사용되면서 더욱 풍부해지는 것이다.

2. 인지 스타일

발견지향성 또는 발견하는 경향성(Getzel & Csikszentmihalyi, 1976), 그리고 다른 사람이 잘 보지 못하는 문제의 설정능력 등은 창의성과 관련하여 매우 중요한 인지스타일이다(Bear, 1993; Runco, 1995). 아인슈타인과 많은 다른 사람들에게서 알 수 있듯이 문제 해결은 문제 설정보다 훨씬 더 단순한 일이다. 기술적으로 능숙한 사람들은 누구나 이미 형성되어 있는 문제를 해결할 수 있다. 그러나 문제를 문제로써 처음 인식하는 일은 그리 쉬운 일은 아니다(Einstein & Infeld, 1938).

중력의 법칙을 포함한 뉴튼의 고전물리학은 100여년을 물리학계를 지배했다. 뉴튼이 살아 있을 때에는 그의 이론을 거스르는 어떠한 논문도 학계에 발표될 수 없었을 정도로 그의 이론은 막강한 파워를 가졌다. 그러나 100여년이 지난 어느 날 그의 이론을 뒤집은 사람이 있었다. 바로 아인슈타인이다. 그는 새로운 물리학을 개발하기 위해 왜 그렇게 많은 시간을 보냈는지를 기자들에게 설명한 적이 있는데, 그의 대답은 간단했다. '단지 고전 물리학을 이해할 수 없었기 때문이었다'라고 말이다. 아인슈타인은 전통적인 지식이 갖고 있는 문제를 인식했고, 이것을 해결하고자 적극적으로 도전한 것이다.

확산적 사고력 검사의 예

■ 다음 문제에 답하시오.

1. 튼튼한 물건을 생각나는 대로 다 말해 보시오.
2. 초록색이고 재미있는 유동물질을 열거하시오.
3. 사과와 망고의 비슷한 점은 무엇인가?
4. 종이 집게의 용도를 나열하시오.

아동을 대상으로 하는 확산적 사고력 검사를 실시할 때는 그것이 시험이 아니라 '게임'같이 설명하고, 답을 하기 위해 충분한 시간을 주는 것이 좋다. 채점은 아이디어의 유창성, 융통성, 독창성 등 3가지 영역으로 이루어진다.

ㄱ. 아이디어의 유창성 : 생성한 반응의 개수
ㄴ. 아이디어의 융통성 : 생성한 범주의 개수
ㄷ. 아이디어의 독창성 : 다른 피험자들의 답들과 비교해서 독특하거나 비일반적인 아이디어.

또한 가장 많이 연구된 인지스타일은 확산적 사고(Guilford, 1967)이다. 확산적 사고는 유창성, 융통성, 독창성으로 구성되며, 이는 토란스에 의해 TTCT라는 창의성 검사로 개발되었다. 이 검사의 보급으로 창의성 연구는 매우 대중화되었고, 이 검사 결과와 창의성 수행간의 상관이 있다는 많은 연구들이 보고되고 있다(Milgram, 1990; Torrance, 1988). 기존의 창의성 연구는 대부분 이 검사로 수행되어 진다. 그러나 한편에서는 이러한 검사들이 "실제" 성인기의 창의성과 관련되는지 분명치 않다는 비판도 만만치 않다(예, Gruber & Wallace, 1999).

3. 동기

창의적인 사람들의 가장 뚜렷한 특징은 끊임없는 호기심 즉, 자신들의 주변에서 일어나고 있는 일은 무엇이든지 관심을 기울이는 태도이다. 이러한 태도는 '천진난만한' 행동으로 비춰지곤 한다(Csikszentmihalyi, 1999). 이러한 관심이 없었다면 창의적인 사람들은 자신이 종사하는 분야를 변화시킬 수 있을 만큼 충분히 몰입되지 않았을 것이다.

이러한 특성을 다른 말로 표현하면, 창의적인 사람들은 내적으로 동기화되어 있다고 말한다. 이들은 외적으로 주어지는 경제적 보상이나 타인의 인정 등을 기다리지 않고, 자신이 종사하는 활동 그 자체에서 만족이나 즐거움, 과제에 대한 도전감 등의 내적 보상을 발견한다. 즉 창의적인 사람들은 그들의 삶 대부분을 일하는 것처럼 비춰질 수도 있지만, 또한 반대로 그들은 결코 어떤 일도 하지 않는다고 생각할 수도 있는 것이다. 이러한 태도는 개인으로 하여금 외부의 인정이나 보상이 없을 때에도 창의적인 작업을 계속할 수 있도록 하는 원동력이 된다.

창의성에서 동기의 중요성은 오랫동안 인식되어 왔다. 콕스(1920)는 다음과 같이 충고하였다. '창의적인 발전을 이룰만한 사람이 누구인가 하는 내기를 해야 한다면, 높은 지능은 가졌으되 동기가 낮은 사람과 지능은 낮되 동기가 높은 사람 중에서 우리는 후자에 걸어야만 한다'고 말이다. 창의적 인물 100명을 인터뷰한 시카고 대학의 한 프로젝트 중에서 과반수 이 참여자들이 ① 그들이 속한 분야에서 일하고 있는 이유, ② 그들의 행복과 질을 향상시키는 이유, ③ 그 분야에서 창의적 성취를 이루게 된 이유로써 바로 이러한 내적 동기와 관련되는 흥미나 열정을 지적했다. 새로이 각 학문 분야를 시작하는 후배들에게 가장 해주고 싶은 조언 역시 바로 본인의 흥미와 호기심을 유발하고 열정을 느끼는 분야나 주제를 택하라는 것이다(최인수, 1998). 심리학자 도널드 캠벨은 학문을 하고자 하는 젊은이들에게 다음과 같이 충고한다.

> "만약 돈에 관심을 둔다면 학문을 하지 말라고 말하겠습니다. 만일 유명해지고 싶어서 학자가 되겠다면 꿈도 꾸지 마십시오. 만일 명성이 주어진다면 고맙게 받아들여야겠지만, 무엇보다 일을 좋아해야 합니다. 그러자면 근본적인 동기가 필요합니다. 그리고 다른 사람들이 뭐라고 하든 간절한 흥미를 느끼는 문제에 대해 연구할 수 있는 기회를 선택하도록 하십시오, 시간이 걸리더라도 즐기면서 할 수 있는 일을 찾아야 합니다(Csikszentmihalyi, 1996)."

창의적이고 혁신적인 아이디어나 산물을 도입하는 것은 늘 위험스러운 일이며, 언제나 외부의 보상이 뒤따르는 일은 아니기 때문에 창의적인 노력을 유지하기 위해서는 어느 정도 동기를 갖고 있어야 한다.

4. 성격

창의성 연구에서 가장 오래된 주제 중의 하나는 창의적 인물의 공통적인 성격 특성을 밝히는 것이었다. 창의적인 사람들에 대해 우리는 아마도 골방에서 며칠간 밤을 새우거나 자신의 작품을 위해 귀까지 잘라버리는 광인의 모습 등 보통 사람과는 다른 기이한 모습을 연상할지 모른다. 실제로 많은 역사적 천재들 중에서는 자신의 작업에 몰두하기 위해 다른 사회적 관계 등은 희생해야만 했거나, 아니면 자신들의 독창적인 생각을 관철시키기 위해서 공격적이거나 자기중심적인 면을 발달시켜야만 했을지도 모른다(Krantz & Wiggins, 1973). 그러나 창의적인 사람들의 성격특성은 분야별로 다르고, 같은 분야 내에서도 사람들마다 다르며(Feldhusen & Westby, 2003), 심지어는 전혀 공통점을 찾을 수 없다고 주장하는 학자들도 있다(Csikszentmihalyi, 1999). 예컨대, 라파엘로처럼 쾌활하고 외향적인 성격일 수도 있고, 미켈란젤로처럼 매우 내향적일 수도 있다. 보수적이고 상상력이 없는 과학자들도 중요한 새로운 현상을 우연히 발견함으로써 과학사에 중요한 기여를 하기도 한다.

그렇다면 창의적인 사람들을 대표할 만한 성향은 없는 것일까? 칙센미하이(1996)는 창의적인 사람들의 성격을 한마디로 표현하면 그것은 '양면성'이라고 하였다. 그들은 서로 반대되는 특성들을 동시에 갖고 있다는 것이다. 창의적인 사람은 상황에 따라 내성적일 때도 있고, 외향적일 때도 있다. 아이디어를 수집할 때의 창의적인 과학자는 사교적이고 사회적인 태도를 보이다가도, 일을 시작하면 몇 주 동안이라도 일을 마칠 때까지 세상과 등진 채 일에만 몰두한다. 또한 일의 성격에 따라 예민하면서도 냉정하고, 지배적이면서도 겸손하고, 남자다우면서도 여성스럽다. 이러한 복합적인 성격은 중립이나 평균을 의미하는 것이 아니다.

예를 들어 경쟁적이지도 않고 협조적이지도 않은 어중간한 성격이 아니라, 경우에 따라 한쪽에서 다른 쪽으로 움직일 수 있는 능력을 갖고 있다는 의미다. 창의적인 사람들은 양극을 달리면서 아무런 갈등을 느끼지 않고 똑같은 강도로 두 가지 모두 경험한다. 그들은 고정된 내적 특성에 의해 자신들의 행동을 지시하는 것이 아니라 헌신하는 분야와 상호작용하면서 이에 따른 요구들에 적절히 반응하는 것이다.

성격의 양면성

칙센미하이는 30여 년간의 창의적 인물들에 대한 연구에서 얻은 결론 중 하나는 창의적인 인물들의 공통점을 찾기 어려웠다는 것이다. 다만 한 가지 다른 사람들과 다른 점이 있다면 창의적인 사람은 상반대는 성향을 동시에 갖고 있다는 것이다. 그가 발견한 10가지 창의적 인물들의 양면적인 성격 특성은 다음과 같다.

1. 대단한 활력을 갖고 있으면서 또한 조용히 휴식을 취한다.
2. 명석하기도 하지만, 한편으로 천진난만한 구석이 있다.
3. 장난기와 극기 또는 책임감과 무책임이 혼합된 모순적인 성향을 갖는다.
4. 상상과 공상을 즐기면서도 매우 현실적인 사고를 한다.
5. 외향성과 내향성이라는 상반된 성향을 함께 갖고 있다.
6. 매우 겸손하면서도 동시에 자존심이 강하다.
7. 남성적이면서도 여성적이다.
8. 반항적이고 개혁적이면서도 동시에 보수적이고 전통적인 성향을 갖는다.
9. 자신의 일에 매우 열정적인 동시에 극히 객관적일 수 있다.
10. 개방적이며 감성적인 성향으로 인해 즐거우면서도 고통과 역경을 겪는다.

(출처: Creativity: Flow and the psychology of discovery and invention, by Csikszentmihalyi, 1996)

제4절 창의성을 키우는 환경

영재아들을 키우거나 교육하면서 가장 조심스러운 일 중 하나는 성인이 되어 가면서 그들의 뛰어난 잠재성을 잃게되지 않을까하는 점이다. 요사이 언론에 자주 노출되었던 한 영재 아동을 보면서 참 대견스럽다는 생각을 한다. 그러나 한편으로 어릴 때부터 많은 사람들의 관심과 시선을 받는 것이 과연 그 아이의 발달에 긍정적이기만 할까라는 마음이 드는 것은 바로 이러한 염려 때문이다. 여기서는 바로 창의적 잠재력을 키우거나 혹은 사장시킬 수 있는 환경의 영향력에 대해 다룬다. 특히 한국의 사회, 문화적 풍토를 고려할 때 좀 더 깊이 생각해볼 필요가 있는 문제들에 초점을 둔다.

창의성 개발을 위해서 어느 곳에 살고 있는가는 매우 중요하다. 그 이유는 자신이 추구하는 분야에 접근할 수 있는 위치에 있어야 하기 때문이다. 지식은 골고루 분포되지 않으며 지역에 따라 다르게 응집된다.

뉴욕은 패기에 찬 예술가들이 예술계에서 어떤 일들이 일어나고 있는지, 다른 예술가들은 앞으로의 경향에 대해 어떤 이야기들을 하고 있는지 직접 눈으로 보고 몸으로 느낄 수 있는 가장 좋은 장소다. 그러나 해양학이나 경제학 또는 천문학을 배우려면 뉴욕이 최선의 장소는 아니다(Csikszentmihalyi, 1996). 이러한 문화의 중심지는 각 분야마다 다른 특징을 보이겠지만, 적어도 다음과 같은 공통점을 지닌다. 또한 이러한 특징은 여기서 다루는 사회적 수준뿐만 아니라 학교나 가정에서도 마찬가지다.

• 풍요로운 물질적 지원이 있다.

다른 조건이 동일하다면, 물질적으로 풍요로운 사회는 창의적 작업을 돕는데 더 유리하다. 부유한 사회는 정보를 쉽게 이용할 수 있도록 해줄 것이고, 훨씬 많은 전문적인 작업과 실험을 허락할 것이며, 새로운 아이디어에 대해 보상을 해주고, 새로운 아이디어에 필요한 장비를 더 잘 갖추고 있을 것이다.

후진국에서는 새로운 아이디어를 격려하고, 보상하기 위한 기회가 더 적다. 특히 비용이 많이 드는 일에 있어서는 더욱 그러하다. 풍부한 물질적 자원을 가진 사회에서만 거대한 대성당이나 대학, 과학 실험실, 도서관 등을 지을 수 있는 것이다. 또한 경제적 지원이 집중되는 분야는 창의적인 인재들을 끌어들이기가 상대적으로 쉽고, 따라서 그러한 분야에서 창의성이 출현할 확률이 크다. 현재 IT나 생명공학이 이러한 분야의 한 예가 될 것이다.

• 창의성을 가치 있게 여긴다.

그러나 새로운 아이디어에 필요한 물질적 자원을 갖고 있는 것만으로는 충분치 않다. 즉, 사회가 새로운 아이디어에 대해 관심을 갖고 있느냐가 또한 중요하다. 거대한 자원과 교역의 접합점에 위치한 사회들은 창의성 출현을 위해 매우 유리한 조건에 있음에도 불구하고, 이러한 자원들을 창의적 성취로 연결시키지 않는 나라들이 있다.

예컨대, 고대 이집트에서 건축, 엔지니어링, 미술, 기술, 종교, 시민 정부 등 놀라운 창의적 업적을 남긴 이후, 이집트 미술은 수천 년 동안 성직자나 관리들의 감독 하에 이루어졌고, 보편적으로 정해진 규칙에 따라 행해졌다. 아놀드 하우저(1951)라는 미술 사회학자는 "주제의 독창성은 이집트 사회에서는 결코 훌륭하게 평가받지 못했다. 오히려 일반적으로는 금기시 되었다. 미술가들이 하고자 하는 바는 단지 수행의 정확성과 철저함에 집중되었다"고 하였다.

또한 '인내심, 애매함에 대한 관용, 모험 추구' 등의 태도는 창의적인 사람들의 특성이지만, 모든 문화가 이런 태도에 대해 관대한 것은 아니다. 각 문화는 창의성을 신장시키거나 억압하는 신념 또는 태도를 갖고 있는 것이다. 예컨대, 크리프너(1967)와 아담스(1986)는 창의성에 해가 되는 몇 가지 문화적 신념을 확인했는데, 이는 부모나 교사들에게 매우 뼈아픈 반성을 촉구한다. 즉, "공상과 반성은 시간 낭비다" "놀기 좋아하는 것은 어린이들이나 하는 것이다." "정답이 있다" "이성, 논리, 수, 유용성, 성공은 좋은 것이고, 직관, 정서, 질적 사고, 그리고 실패는 나쁜 것이다." 등이 그것이다.

• 동조성에 대한 압력이 적다.

한국을 비롯한 동양권의 문화는 동조성에 대한 압력이 강한 편이다. 남과 다르다는 것에 대해 매우 불안해하고, 반대로 남이 나와 다를 때 우리는 매우 불편해 한다. 한국인이 왜 이러한 성향을 갖는가는 여기서의 관심사가 아니다. 우리의 관심은 이러한 동조성이 일반적으로 개인의 창의성을 저해한다는 사실에 있다.

동조성이란 "관습, 규칙, 대중적 의견과 일치하는 행동, 즉 전통적 행동을 의미한다(Sheldon, 1999)." 사회로부터 이루어지는 동조성에 대한 압력은 창의성을 저해한다. 그 이유는 창의성과 관련된 동기와 동조성과 관련된 동기사이에 강력한 갈등이 존재하기 때문이다. 동조적 행동은 전형적으로 타인의 인정에 대한 욕망을 수반한다. 이러한 욕망의 기저에는 동조하지 않을 때 사회적 집단으로부터 거부를 당하는 것에 대한 두려움이 있다.

많은 실험에서 대다수의 의견을 계속 업신여겼던 사람들은 그가 속한 집단에 의해 처벌당했고, 결국에는 추방당했다. 이러한 결과가 시사하는 바는, 한 개인이 집단에 의해 인정을 받으려는 동기를 형성하는 것 외에 집단에 도전하려는 사람을 "질식시키려는" 동기도 함께 형성한다는 점이다. 다른 사람의 비동조성을 못 견디는 태도는 창의적 성취와 정반대되는 것이다.

동조주의자의 동기는 다른 구성원들이 자신을 어떻게 지각하는지에 관해 강하게 관심을 갖고 있고, 그들의 일차적 목적은 자기 이미지와 자기 존중감을 향상시키거나 보호하는 것이다. 반대로 창의적 수행은 강한 과제관련(task involvement) 행동을 필요로 한다. 즉 우선적으로 문제에 대해 집중적인 관심을 갖고 있다. 자신의 새로운 아이디어를 개발하고 팔기 위해서는 집단의 전통적인 규준과 수용된 행동에서 벗어나려는 강한 의지, 소외감을 견디어내야 하고, 그 집단의 분노를 감당하려는 의지가 있어야만 한다. 그래서 동조성에 대한 압력으로 인해 새로운 아이디어나 행위 과정을 추종하려는 개인의 의지가 약화될 때 창의성은 억압되어 지는 것이다 (Crutchfield, 1962).

창의적인 사람들은 상대적으로 이른 나이에 전통적인 생각에 대해 저항을 하기 시작한다. 평균적으로 아이들의 창의성 잠재력은 4학년쯤 되어 슬럼프를 겪는다고 한다(Torrance, 1966). 이시기의 아이들은 또래 의견에 민감해지기 때문이라는 것이다. 그러나 만약 그러한 초기 동조성에 대한 압력에 맞설 수 있는 아동이라면, 이후 성인기에 창의적 성취를 할 가능성은 더 높을 것이다. 해머(1984)는 가장 재능 있는 예술가들은 경력의 초기에 동료들에 의한 통제에 대해 예민함을 보이고, 이로 인해 심각한 갈등과 정서적 혼란을 경험했으며, 결국 동료로부터 멀어지는 길을 택했다고 보고하였다. 이러한 분리 노력은 "지나친 동조가 자신의 창의성을 좀먹어 들어가는데 대한 저항"이라고 해머는 해석하였다.

• 미시적 조건

이외 좀 더 미시적으로, 아마빌레(1983)는 아동의 창의성을 유지하고 향상시키기 위한 8가지 환경조건을 제안하였다. 우리의 학습환경은 매우 경쟁적이고 통제적이다. 이런 환경이 과연 아이들의 창의성 발달에 긍정적일 수 있는지 다시 한 번 생각해 보아야 한다.

- 자극을 줄 수 있는 교육환경을 창조할 것
- 창의성을 향상시킬 수 있는 교수 방법을 사용할 것
- 동조에 대한 또래의 압력을 경감시킬 수 있도록 할 것
- 제도교육의 단점에 대하여 충분히 인지할 것
- 창의성 향상에 적절한 사회화절차를 사용할 것
- 창의성과 관련된 좋은 학습태도를 장려할 것
- 통제를 최소화할 것
- 최소한의 보상을 사용할 것

아동의 창의적 특성에 대한 성인의 인식

아래 목록 중에서 아동의 창의성을 나타내거나 창의적인 아동들에게서 나타나는 단어 옆에 'C'를 쓰시오. 그리고 창의성에 반대되거나 상대적으로 비창의적인 아동의 특성을 나타내는 단어 옆에 'U'를 쓰시오.

게으른	방심하는(멍한)	활동적인
호기심 많은	냉소적인	의욕적인
무감각한(냉담한)	어색한	사고가 명석한
매서운	정력적인	창의력이 풍부한
진취적인	유능한	융통성이 있는
모험적인	무딘	상투적인
의기소침한	기민한	충동적인
대담한	쌀쌀한	확신하는
열광적인	꿈 많은	개인주의적인
진보적인	자신 있는	예술적인
단호한	근면한	관심사가 좁은
상상력이 풍부한	지적인	관심사가 넓은

자신이 'C'라고 응답한 목록의 내용들을 분석해 보시오. 반대로 'U'라고 응답한 목록들도 분석해 보시오. 이 목록들은 한 연구에서 아동의 창의성에 대한 부모와 교사들의 관점들을 이해하기 위해 사용된 것들이다(Runco, 1984, 1989). 이 연구에서 창의성과 부적상관이 있는 단어들은 게으른, 방심하는, 냉소적인, 무감각한, 서투른, 무딘, 상투적인, 의기소침한, 무관심한, 그리고 좁은 관심사 등이었고, 나머지는 창의성과 정적 상관이 있었다. 여기서 우리가 알아야 할 점은 정적 상관이 있거나 부적 상관이 있는 목록들은 우리 사회의 구성원들이 창의적인 사람들에 대해 갖고 있는 인식을 반영하고 있다는 점이다.

참/고/문/헌

최인수(1998). 창의성을 이해하기 위한 여섯 가지 질문. **한국심리학회지: 일반**, 17(1), pp. 25-47.

최지은(2003). 창의적 과학자의 출현에 영향을 미치는 사회문화적 변인의 탐색: 역사측정법을 중심으로. **교육심리연구**, 17(1), pp. 299-324.

Amabile, T. M.(1996). *Creativity in context*. Colorado: Westview Press.

Bear, J.(1993). *Creative person and creative process*. New York: Holt, Rinehart, & Winston.

Bettie, O. & Csikszentmihalyi, M.(1981). On the socialization influence of books. *Child Psychology and Human Development, 11(1)*, pp. 3-18.

Chambers, J. A.(1973). College teachers: Their effect on creativity of students. *Journal of Educational Psychology, 65*, pp. 326-334.

Cox, C.(1926). *The early mental traits of three hundred geniuses*. Stanford, CA: Stanford University Press.

Crutchfield, R.(1962). Conformity and creative thinking. In H. Gruber, G. Terrell, & M. Wertheimer (Eds.), *Contemporary approaches to creative thinking*. New York: Atherton Press.

Csikszentmihalyi, M.(1988). Society, culture, and person: A systems view of creativity. In R. J. Sternberg (Ed.), *The nature of creativity* (pp. 325-339). New York: Cambridge University Press.

Csikszentmihalyi, M.(1996). *Creativity: Flow and the psychology of discovery and invention*. New York: Harpercollins. 노혜숙 역(2003). 창의성의 즐거움. 서울: 북로드.

Csikszentmihalyi, M.(1999). Implications of a systems perspective for the study of creativity. In R. J. Sternberg (Ed.), *Handbook of creativity*, (pp. 313-335). New York: Cambridge University Press.

Einstein, A & Infeld, L.(1938). *The evolution of physics*. New York: Simon & Schuster.

Feldhusen, J. F. & Westby, E. L.(2003). Creative and emotional behaviors: Cognitive, personality, and motivation. In J. Houtz (Ed.), The educational psychology of creativity. Hampton Press. 김정희 역 (2007). 창의성을 부르는 심리학. 서울: 시그마프레스.

Feldhusen, J. F.(1993). A conception of creative thinking and creativity training. In S. G. Isaksen, M. C. Murdock, R. L. Firestein, & D. J. Treffinger (Eds.), *Understanding and recognizing creativity: The emergence of a discipline* (pp. 31-50).

Feldmen, D. H.(1988). Creativity: Dreams, insights, and transformations. In R. J. Sternberg (Ed.), *The nature of creativity* (pp. 271-297). New York: Cambridge University Press.

Galton, F.(1874). *English men of science: Their nature and nurture*. London: Macmillan.

Gardner, H.(1993). *The creating minds*. New York: Basic.

Getzels, J. W., & Csikszentmihalyi, M.(1976). *The creative vision: A longitudinal study of problem finding in art*. New York: Wiley.

Gruber, H. E.(1981). *Darwin on man: A psychological study of scientific creativity* (2nd ed.). Chicago: University of Chicago Press. (Original work published 1974)

Gruber, H. E., & Wallace, D. B.(1999). The case study method and evolving systems approach for understanding unique creative people at work. In R. J. Sternberg (Ed.), *Handbook of creativity* (pp. 93-115). New York: Cambridge University Press.

Guilford, J. P.(1967). *The nature of human intelligence*. New York:

McGraw-Hill.

Hauser, A.(1951). *The social history of art*. New York: Vintage.

Jamison, K. R.(1989). Mood disorders and patterns of creativity in British writers and artists. *Psychiatry*, 52, pp. 125-134.

Kranz, D, K, & Wiggins, L.(1976). Personal and impersonal channels of recruitment in the growth of theory. *Human Development, 16*, pp. 133-156.

Lubart, T.(1999). Componential models. In M. A. Runco & S. R. Pritzker (Eds.), *Encyclopedia of creativity* (Vol. 1, pp. 295-307). San Diego: Academic Press.

Milgram, R. M.(1990). Creativity: Am idea whose time has come and gone? In M. A. A. Runco & R. S. Albert (Eds.), *Theories of creativity* (pp. 215-233). Newbury Park, CA: Sage.

Policastro, E., & Gardner, H.(1999). From case studies to robust generalizations: An approach to the study of creativity. In R. J. Sternberg (Ed.), *Handbook of creativity* (pp. 213-225). New York: Cambridge University Press.

Runco, M. A.(1984). Teachers' judgments of creativity and social validation of divergent thinking tests. *Perceptual and Motor Skills, 59*, pp. 711-717.

Runco, M. A.(1989). Patents' and teachers' ratings of the creativity of children. *Journal of Social Behavior and Personality, 4*, pp. 73-83.

Runco, M. A. (Ed.)(1995). *Problem finding*. Norwood, NJ: Ablex.

Sheldon, K. M.(1999). Conformity. In M. A. Runco & S. R. Pritzker (Eds.), *Encyclopedia of creativity* (Vol. 1, pp. 341-346). San Diego: Academic Press.

Simonton, D. K.(1984). Artistic creativity and interpersonal relationships across and within generations. *Journal of Personality and*

Social Psychology, 46, pp. 1273-1286.

Simonton, D. K.(1994). *Genius and creativity: Selected papers.* Connecticut: Ables Publishing Corporation.

Simonton, D. K.(1999). Creativity from a historiometric perspective. In R. J. Sternberg (Ed.), *Handbook of creativity* (pp. 116-133). New York: Cambridge University Press.

Torrance, E. P.(1966). *The Torrance tests of creative thinking: Norms-technical manual.* Lexinton, Mass: Personnel Press.

Torrance, E. P.(1988). The nature of creativity as manifest in its testing. In R. J. Sternberg (Ed.), *The nature of creativity* (pp. 43-75). New York: Cambridge University Press.

Wikipedia Encyclopedia. http://en.wikipedia.org.

제 6 장

영재교육 프로그램

제6장
영재교육 프로그램

제 6 장
영재교육 프로그램

자녀가 또래보다 빠른 성장을 보이거나 영재성이 있다고 생각하는 부모는 영재 판별 검사를 받거나 특별한 교육을 받을 수 있는 영재교육 기관을 찾게 된다. 부모는 자녀가 초등학교 입학 전까지는 영재 교육 프로그램을 제공하는 어린이집이나 유치원 또는 다양한 형태의 교육 기관을 직접 찾아야 하며, 초등학교 입학 후에는 학교내·외의 각종 영재 선발과정에 참여하기 때문에 영재교육 프로그램에 관한 부모의 관심이 더욱 구체화 된다.

따라서 본 장에서는 영재교육 프로그램에 대한 이해를 돕기 위하여 영재교육에서 의미하는 속진과 심화학습 프로그램을 먼저 살펴본다. 이어서 일반학생을 대상으로 하는 교육과정과는 차별화된 영재교육과정의 특징과 대표적인 교육과정 모형을 소개하고, 영재교육 프로그램에서 사용하는 교재의 특성과 환경에 대한 설명으로 마무리 한다. 영재교육 프로그램에 대한 이해와 더불어 적절한 영재교육 프로그램의 선택 지침을 검토하는 것은 자녀의 영재성 발달을 지원하고 영재교육 프로그램 참가 효과를 높이는 데 도움이 될 것이다.

제1절 속진과 심화학습 프로그램

1. 영재교육 프로그램의 계획

영재들에게 필요한 다양한 요구 사항을 포함시키기 위해서는 획일화된 영재교육 프로그램 보다는 다양한 요인들이 필요에 따라 적절하게 구성된 프로그램 설계가 필수적이다. 영재교육 프로그램은 교육 대상이 되는 학생들의 범주, 프로그램의 목적 등에 따라 다양한 집단 편성과 교수 전략을 필요로 하기 때문에 [그림 6-1]과 같이 여러 요인을 고려하게 된다.

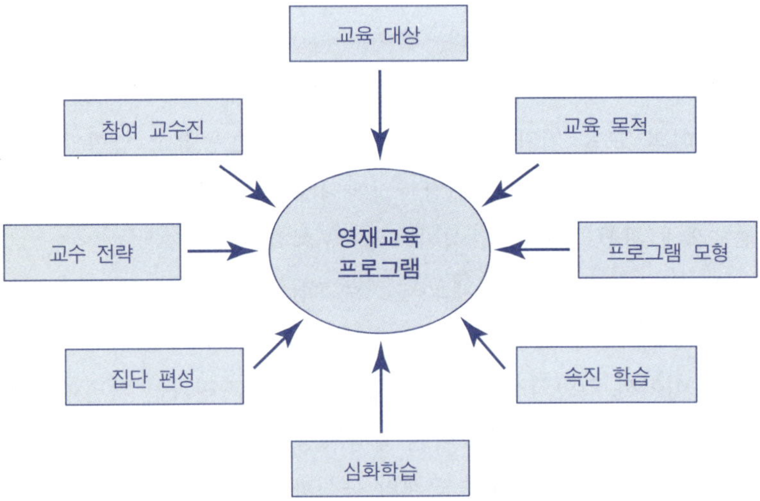

[그림 6-1] 영재교육 프로그램의 설계에 영향을 주는 요인들

영재 교육의 목표에 따른 교육 프로그램이 개설되면 각 교육 과정의 목표, 교육 대상자의 범위, 교육 대상자의 선발 및 교육 방식에 대한 구체적인 내용이 명시된 교육 계획서를 작성하고 이에 따라 영재교육 프로그램을 운영하게 된다. 영재교육 프로그램은 목적과 운영 방법에 따라 다양한 형태로 이루어질 수 있으나 일반적으로 속진 프로그램과 심화 프로그램으로 크게 나누어 볼 수 있으며 실제로는 이 두 가지 방식을 절충하여 사용하는 경우가 대부분이다.

2. 속진 프로그램

속진 프로그램이란 일반적으로 영재아의 빠른 학습 속도에 따른 요구 충족을 위해서 주어진 내용을 더 빨리 학습하는 것을 의미한다. 예를 들면, 일반 아동들은 5학년 전체 학습 과정을 12개월 동안 학습하지만 영재아는 해당 학년의 총 학습 분량을 4개월 만에 모두 마칠 수 있기 때문에 남은 8개월 동안의 기간에는 상위학년인 6학년과 중학교 1학년에 해당하는 상위수준의 교육과정을 학습하도록 하는 것을 뜻한다. 그런데 실제적으로 상위학년의 학습 과정의 일부는 심화 학습과도 중첩되기 때문에 속진과 심화과정을 엄밀하게 구분하기는 어렵다. 실제적으로 월반이나 상위학교의 학점 취득과 같이 구체적 사례만을 속진으로 규정하는 경우도 있고 일반적으로 상급수준의 교과를 학습하는 것을 속진으로 보는 경우도 있다.

속진 프로그램은 유치원이나 초등학교의 조기입학, 월반, 중고등학교의 조기 입학 및 졸업, 고등학교 재학 중 대학 학점 이수, 조기 대학 입학 및 졸업 등의 형태로 이루어지는데, 특히 낮은 학년에서는 학업적 측면과 더불어 사회적, 신체적 측면에서의 성장 속도가 매우 빠르기 때문에 면밀한 검토가 필요하다.

영재아처럼 일반적으로 학습 수준이 높고 영역별로 발달 수준이 크게 다른 아동에게는 개별화된 프로그램이 필요하며, 각자의 학습 속도에 따라서 적절하게 운영하기 위해서 영재아를 대상으로 하는 교과 수업의 대부분은 속진 과정이 진행될 것이다. 특히 초등학교 전후의 연령에 해당하는 경우에는, 개념적 지식은 매우 빨리 습득하면서 나머지 행동은 일반 아동처럼 하는 어린 영재아를 위한 적절한 교육 프로그램을 찾는 것이 쉽지 않다.

예를 들면, 많은 영재아들이 유치원이나 어린이집 프로그램에 해당되는 인지적 내용은 매우 빨리 터득하고 준비된 상태로 입학하게 되므로 초등학교 입학과 동시에 상급학년에서 가르치게 될 개념을 배우기를 갈망한다. 그러나 고학년용 학습 과제는 교사중심의 활동으로 고안되어 있어서 자리에 앉아 학습 교재를 중심으로 학습하도록 되어있다. 실제 아동들은 이들 상급 학년의 학습 과제에 필요한 쓰기 능력을 갖지 못한 경우가 대부분이다. 따라서 유치원이나 초등학교 저학년의 영재아 교육 프로그램은 자유로운 분위기 속에서 사회적, 신체적, 인지적 발달이 이루어질 수 있는 기회를 적절하게 제공하여야 한다(Roedell, 1990).

속진학습 담당자의 가장 중요한 일은 영재아에게 적절한 상위 수준의 내용이면서 사회성과 신체적 발달을 도모하기에 적절한 학습 과제를 선정하는 것이다. 이에 따라 수업시간을 작은 단위로 나누어 게임이나 교구 조작을 이용한 실험이나 탐구 활동을 통해 개념을 가르치고, 언어나 수학도 책 읽기나 교구를 조작해 가는 연산 활동을 이용하는 것이 적절하다.

또한 일반 교육 프로그램에서는 영재아들이 또래들과 비슷해지기 위해 고의로 그들의 뛰어난 능력을 감추게 된다. 그러므로 교사는 영재아의 뛰어난 인지적 또는 학문적 능력을 직접 관찰하지 못할 수도 있다. 영재아의 학부모는 교사가 아동의 능력을 잘 파악할 수 있도록 학기 초에 유창한 읽기 능력에 관한 적절한 정보를 알려주어야 한다. 이처럼 교사와 학부모가 관찰한 아동의 능력에 대한 정보를 공유하면 우수한 능력을 개발하기 위한 적절한 교육 방안을 모색할 수 있으며, 또래 아동과 다른 능력은 학습에 여러 가지 영향을 미치므로 교사와 학부모의 상호 의견 교환이 절대적으로 필요하다.

그리고 영재아에게 어릴 때부터 친구와 같이 활동할 수 있는 적절한 교육 환경을 제공해 주어야 한다. 영재아들은 보통 주변의 일반 또래 아동과 잘 놀지만 아주 친밀한 관계를 유지하지 않고 영재교육 프로그램에 만난 비슷한 수준의 친구나 특정 관심 분야에서 만난 친구들과 더욱 친밀하게 된다. 따라서 부모들은 집 주변 친구뿐만 아니라 멀리 사는 비슷한 수준의 친구와도 자주 교류할 수 있도록 도와주어야 한다.

정규 학교 입학 전에 영재아를 위한 적절한 교육 프로그램을 찾는 부모는 아동의 학습 욕구를 주시해야 하며, 학습 전문가에 의해 정해진 교과 과정을 기계적으로 암기하고 반복 학습하는 프로그램보다는 개방된 상태에서 자유롭게 상급 수준의 학습이 가능하도록 배려하고 인지 수준이 비슷한 아동들과의 상호 작용을 통해서 우수한 능력을 계발할 수 있는 교육 프로그램을 선정해야 한다.

속진 프로그램에 관한 한 연구 결과(Cross & Coleman, 1992)에 따르면 과학 영재아에게는 상급 학년의 교과 내용을 접할 기회가 필요한 것으로 나타났는데, 과학 영재아들은 과학 수업에서 수준 낮은 교과 내용과 느린 학습 진도에 가장 큰 불만을 나타내었다. 중학교 과학 영재아를 대상으로 6년간에 걸친 종단적 연구 결과에서도 비슷한 결과가 나타나는데, 3주간의 여름학기 동안 고등학교 수준의 화학, 물리학, 생물과학을 수강하는 중학교 과학 영재들의 성취도가 각 교과를 1년 동안 수강하는 일반 고등학생들보다도 훨씬 높은 것으로 나타났다(Lynch, 1992). 이에 따른 후속 연구도 속진 프로그램에 참여한 영재아는 후에 과학영역에서 두각을 나타내었다. 이처럼 과학 학습능력이 뛰어난 학생들에게는 상급학년 과학 교과를 일찍이 학습하도록 배려해야 하며, 다른 학생들보다 훨씬 짧은 기간 안에 해당 교과를 마칠 수 있다는 점을 시사한다.

이와 같이 과학적 재능에 따라 범주화된 집단별 속진 학습 방법은 모든 학생들의 학습을 촉진할 수도 있다(Hacker & Rowe, 1993). 과학 영재들을 위한 여름 교육 프로그램은 이수 학생들이 대학에서 과학 전공에 관심을 갖도록 하는데 좋은 영향을 주는 것으로 보여진다(Enersen, 1994). 이러한 속진 프로그램의 주요 효과는 우수한 교수진들에 의해 또래의 과학 영재아와 같이 활동하는 기회를 갖는데서 나타나며, 다른 연구 보고서에서도 과학 영재아들의 지속적인 협동적 학습 활동의 필요성이 제시되었다.

3. 심화 프로그램

심화 프로그램은 일반적으로 제공되는 교육과정의 내용보다 지식의 범위를 더 넓게 확장하고 창의성이나 다른 고차원적 사고 기술을 위한 교육 경험을 제공하는 것을 의미한다. 정규 교과과정을 바탕으로 심화된 내용을 추가하는 심화 프로그램은 중학교 1학년 교육과정을 바탕으로 물질의 세 가지 상태를 공부하면서 기체와 관련된 개별 연구 프로젝트를 수행하는 형태로 운영될 수 있다. 또한 컴퓨터 교과과정을 학습하면서 전문가와 문제 해결에 대해 논의하는 멘토제도(mentorships)를 이용하여 교통 문제 해결을 위한 신호체계를 연구하는 교수님과 함께 컴퓨터 시뮬레이션 프로그램의 개발에 관한 연구를 진행하는 형태로 운영되기도 한다.

영재교육 프로그램에 있어서 속진 접근과 심화 접근 모두 집단의 수준에 따라서 변경해야 한다. 이는 영재와 비영재 집단의 차이가 아니라 영재들 개인간의 차이에 초점을 두고 실행되어야 한다. 심화 프로그램 중에서 많이 활용되는 랜쥴리의 3부 심화 학습 모형(Enrichment Triad Model)은 [그림 6-2]와 같다. 현재 우리나라의 많은 과학 영재교육 프로그램은 랜쥴리의 3부 심화학습 모형과 비슷하게 구분된 기초과정, 심화과정, 사사과정의 3단계 교육과정을 운영하고 있다.

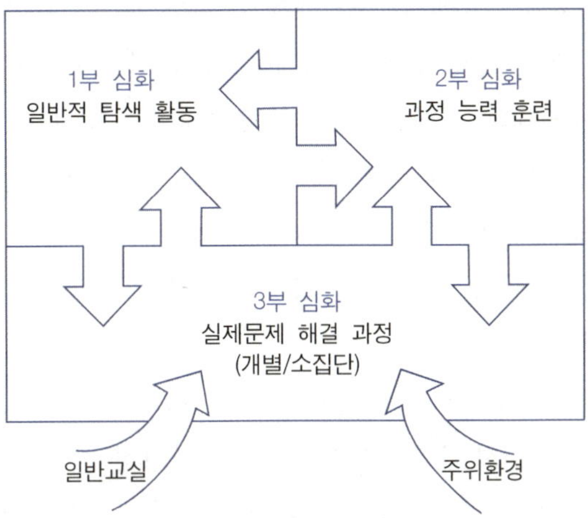

[그림 6-2] 렌쥴리의 3부 심화 학습 모형(이경화 외, 2005)

1) 1부 심화 (일반적 탐색 활동)

다양한 학문 영역에 대한 탐색을 목적으로 일반적인 학교 교육과정에서 다루어지지 않는 주제나 활동을 중심으로 하는 프로그램으로 이루어진다. 예를 들면 과학 분야에서도 물리, 화학, 생명, 지구과학 등의 각 영역에서 다양한 주제를 선정하고 더불어 활동 방식도 탐사, 견학, 토론 등 다양한 형태로 진행하도록 구성되어있다.

2) 2부 심화(집단 훈련 활동)

사고와 과정적 기술에 대한 발달을 목적으로 설계된 교수 자료와 교수 방법을 이용하여 일반 교육과정에서는 많이 다루어지지 못하는 자료와 주제에 대한 탐구과정의 훈련이 주를 이룬다. 관심 있는 다양한 분야에 대한 학습 기술, 연구 능력, 의사소통 능력 등과 같이 정서적 인지적 발달을 위한 연습 과정이다.

3) 3부 심화(실제 문제에 대한 개별적 또는 소집단 탐구)

스스로 선택한 실제 연구 문제에 대하여 전문가와 같은 형태의 탐구 활동을 전개하는 과정이다. 이 과정에서는 영재아에게 지식의 소비자가 아니라 지식의 창출자 역할을 요구하며 해당 영역에서 스스로 연구 문제를 인식하고 선정하는 자기 주도적인 학습 기술을 활용하여 최종 산출물을 만드는 과정을 통해 자신감과 과제 집착력 등이 발달하게 된다.

영재교육 프로그램은 그 방법에 따라서 속진, 심화, 멘터제, 속진 또는 월반수업, 심화 속진, 속진 심화 등 다양한 용어로 구분된 교육과정으로 운영될 수 있다. 그러나 어떤 교육 프로그램을 선택하여 운영하더라도 영재학생과 일반 학생을 분리한 하나의 획일적인 수업을 실시하는 것은 바람직하지 못하며, 각 영재아의 특성에 따라 개별화된 수업 방법을 이용하는 영재교육 프로그램을 계획하고 운영해야 한다.

제2절 차별화된 영재 교육과정

1. 차별화된 영재 교육과정의 의미

영재 교육과정은 영재아의 잠재력이나 수행 능력을 촉진시킬 수 있는 학습활동에 초점을 두고 있다. 영재아는 일반 학생과는 다른 여러 가지 특성을 가지고 있기 때문에 일반학생을 대상으로 하는 교육과정과는 차별화 또는 변별화된 교육과정을 필요로 한다. 영재교육과정에서는 지식과 사고 체계를 통합하고 각 주제에 대한 심도 있는 연구 과정을 포함시키도록 내용을 조직해야 하며, 새로운 지식을 생성할 수 있는 생산적인 사고 기술을 개발할 수 있도록 구성되어야한다.

고차원적 사고기능인 비판적 사고, 창의적 사고, 문제해결력을 신장시키기 위한 영재 교육과정의 차별화는 크게 교육 내용, 과정, 결과 그리고 환경을 개선하는 것으로 나누어 볼 수 있고, 영재아를 위한 교과내용, 학습과정, 산출물의 변별화는 [그림 6-3]과 같이 나타낼 수 있다.

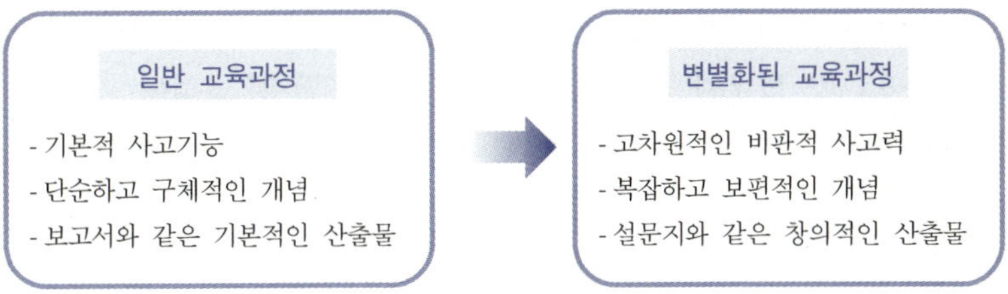

[그림 6-3] 일반 교육과정의 차별화

2. 일반 교육과정과의 차별화 내용

변화하는 지식과 정보를 꾸준히 탐구하는 자발적인 학습을 통하여 영재아 스스로 성장하고 창의성과 산출물의 우수성이 강조되는 평가를 위해서는 교육과정의 각 영역에서 다음과 같은 수정이 필요하다.

1) 학습 내용

영재 교육과정 개발에 대한 이론 정립과 더불어 학습 내용 수정의 필요성이 생겼지만 내용 변화 방법에 대해서는 논쟁이 계속되어

왔다. 영재 교육과정은 정규 교과과정을 재검토하여 전면 개편해야 한다는 주장과 정규 교과과정과 차이를 두어 심화하되 그와 연계된 내용이어야 한다고 주장이 대두되었다. 학자에 따라서 주장하는 바가 다르기는 하지만 영재교과과정 개발에 있어서 가장 큰 관심사는 정규 교과과정을 유지하면서 학습 분야에 대한 접근 방식을 영재들의 필요, 홍미, 능력에 좀 더 직접적으로 부합할 수 있도록 정규 교과과정의 내용을 수정하는 것이다. 이때 정규 교과과정을 수정하기 위한 가장 적절한 방법으로 학습과정의 내용상의 '깊이'와 '복잡성'이라는 개념이 주로 사용된다. 깊이는 교사와 학생들이 학습을 할 때 점점 어려워지고 심화되며 추상화되는 쪽으로 초점을 맞추는 것을 말하는 것이다. 복잡성은 지식을 확장하는 수단으로 시점 연계, 다른 관점, 및 학문간 연계를 통해서 지식의 폭을 넓히는 것을 의미한다.

2) 학습 과정

내용 습득에 필요한 자료 수집 및 조사 방법을 바꾸는 것으로 하위 사고기능을 상위 사고기능으로 변경하면 필연적으로 일어나게 된다. 실제로 단순한 내용을 가지고서는 학생들의 창의적, 비판적, 문제해결 능력을 효율적으로 발휘할 수 없기 때문에 고차원적인 사고를 위한 풍부한 배경지식이나 내용을 포함하는 다양한 자원을 포함하는 교육 자료를 필요로 한다.

3) 산출물

영재들의 교육 내용 및 습득 기능에 대한 이해를 증명하는 데 있어서 기존 방법과는 달리 창의적 산출물을 중요시한다. 대다수 영재들은 창의적 아이디어나 이를 통한 행동, 또는 보고서나 계획서와 같은 구체적 산출물을 통해 자신들의 능력을 보일 수 있다고 생각하며, 학부모들도 창의적 산출물을 영재 교육과 동일시하고 있다. 또한 교사들도 영재아가 자신들의 노력의 결과를 가장 잘 보여줄 수 있는 방법이 바로 다양한 창의적 산출물을 생산하는 것이라고 생각한다.

영재에 대한 개념이 변하기 때문에 차별화된 교육과정과 그에 따른 교육 자료의 변화도 계속될 것이다. 또한 각 영재교육 영역과 교육프로그램의 목적에 따라 학습 목표와 내용 및 과정과 산출물에 대한 다양한 수정이 이루어지겠지만 앞에서 설명한 요소들의 수정사항에 대한 항목별 차별화의 간단한 예시는 다음 〈표 6-1〉과 같다.

〈표 6-1〉 차별화된 교육과정의 항목별 수정 예시

구분	일반 교육과정	차별화된 교육과정
학습 목표	~의 목록 만들기	~기준에 따라 판단하기
학습 내용	~의 원인과 그 영향	~의 발생 및 결과에 영향을 미친 행동과 가치
학습 과정	교과서 42쪽~49쪽을 읽고 ~	전공 교수와의 인터뷰 및 인터넷을 이용하여 ~
산출물	정보 공유를 위한 글쓰기	~의 원인 및 영향으로 인한 긍정적·부정적 결과에 대해 토론하기

3. 차별화된 과학영재 교육과정

특정 영역에서 높은 성취수준을 나타내는 영재 교육은 수학, 과학 분야 또는 언어 및 각 예술 분야들과 같이 전문가적 영역으로 구분되어 이루어지므로 각 영재 교육과정에 필요한 요인이 무엇인지를 일반화시키기는 어렵다. 대학부설 영재교육원을 시작으로 현재 초등학교부터 활발한 영재교육이 이루어지고 있는 과학영재교육을 중심으로 영재 교육과정의 필수 요소를 알아보자.

미국 한 대학의 영재교육센터에서는 6년 동안에 걸쳐 높은 학습 능력을 가진 학생들에게 적합한 과학과 교육과정과 교수방법을 모색하고 이를 바탕으로 일반 학생들의 과학과 교육과정 개편의 틀을 제시하였다(VanTassel-Baska, 1998). 이 과정에서 학습 능력이 뛰어난 학생들의 교육과정과 교수방법에 필수적인 요인은 일반 학생들에게도 매우 중요한 요소라는 것이 알려졌으며 이들 중에서 몇 가지 중요한 요인은 아래와 같다.

1) 개념 학습의 강조

과학의 기본적인 개념 이해를 강조하도록 과학 교과과정을 개편하는 것은 학생들에게 과학자에 의해서 구축된 과학의 각 영역별 기초를 다지고 이해하는데 매우 적합하다. 학생들이 자연적인 실생활에서 과학을 이해하고 과학적 방법을 적용하기 위해서는 핵심적인 기본 개념을 철저하게 이해하는 것이 중요하다. 예를 들면, 계(systems), 변화(change), 환원주의(reductionism), 계량(scale)과 같은 개념의 이해는 과학의 주요 개념을 학습하는데 기초적인 역할을 한다.

2) 고차원적인 사고의 강조

학생들은 과학의 주요 개념을 이해하고 실제 상황에서 이러한 과학적 개념을 응용할 수 있어야 한다. 예를 들면, 고속도로에서 강한 산성 용액이 쏟아진 사고와 같은 실생활의 문제를 이와 관련된 과학적 개념과 연관시켜 분석하는 과정은 학생들에게 과학과 사회의 관계를 이해하고, 문제 해결 방법을 통한 비판적 사고와 창의적 사고 과정의 기회를 제공한다.

3) 문제 해결 학습에서 탐구의 강조

학생 스스로 과학적 개념을 구성해 나갈수록 새로운 상황에 직면했을 때 적절한 과학적 개념과 방법을 잘 적용할 수 있다. 따라서, 교사에 의한 질문이나 동료와의 대화나 토론과정, 본인 스스로 가진 의문 사항에 관한 개별적 탐색 등을 통하여 과학자들이 가진 과학적 호기심, 객관적 타당성과 같은 중요한 과학적 태도를 기를 수 있다(VanTassel-Baska, Gallagher, Bailey, & Sher, 1993).

4) 학습 도구로써 현대 기술의 이용 강조

과학 수업에서 현대적 기술을 이용하는 것은 실생활과 과학을 연결시키는 아주 좋은 기회이다. 인터넷을 통해 전 세계의 과학 논문을 접하게 된 것은 탐색의 또 다른 계기를 갖게 한다. 또한 인터넷의 접속은 좋은 연구 문제를 인식하고 탐색할 수 있도록 했으며, 이메일을 통해 연구 프로젝트와 관련하여 관련 과학자에게 직접 질문 할 수도 있으며 전 세계의 다른 친구들과도 대화가 가능하게 되었다.

5) 실험 설계 과정을 이용한 과학적 과정에 대한 학습 강조

전통적으로 과학 실험에서 사용되어온 교재는 주어진 실험 방법에 따라서 각 단계의 실험 과정을 수행하면 정해진 결과가 나오도록 구성되어 있으므로 학생 스스로 실험을 설계할 기회는 거의 없다. 하지만 영재교육에서의 과학적 과제는 해당 분야의 자료를 읽고, 관심 있는 특정 주제에 대한 토의를 필요로 한다. 일관성있고 적절한 방법을 통해서 검증 가능한 주제를 선정하고 실험을 수행하는 과정을 거치며, 실험 결과에 대한 토의 및 문제를 재분석하고 얻어진 결론에 관한 동료들과의 토의 과정이 영재교육에서는 매우 중요하다.

제3절 영재교육 자료와 환경

공교육 기관에서 이루어지는 영재교육 프로그램과는 달리 사교육기관에서 이루어지는 영재교육 프로그램은 각 사설 교육기관마다 실행하는 프로그램의 질을 평가한 자료가 미흡하다. 그러므로 학부모가 프로그램 참가 여부를 결정하는데 어려움이 많다. 모든 영재교육 프로그램은 대부분 비슷한 교육 목적을 제시하고 있으므로 영재교육 프로그램의 안내서만 보면 영재교육 프로그램으로 적절해 보이지만 어떤 경우에는 일반 학생들을 대상으로 하는 교육 프로그램으로 영재성 향상과는 거리가 있는 프로그램일 수도 있다. 따라서 영재성 개발을 위한 교육 프로그램 참여를 원하는 경우에는 교육 프로그램 자체의 질적 수준을 검토하는 것은 매우 어려운 상황이므로 실제 교육 프로그램에서 사용하는 교육 자료를 검토하는 것이 하나의 방안이다.

1. 영재교육 자료의 특징

영재 교육 학자들이 정한 영재 교육의 학습 내용 관련 기준에 따르면, 영재 교육용 자료는 그 내용이 다양하고 여러 학문 영역을 포함하며 다양성, 시사성, 독창성, 복잡성이 포함된 내용이어야 한다. 영재 교육에 적절한 과정 기능으로는 창의적 사고와 문제 해결 능력을 이용하여 해당 자료를 분석하거나 상급 수준의 관련 자료를 분류하는 능력과 의사소통하는 능력 등이 해당된다.

앞에 제시된 과정 기능들은 미리 계획하여 가르칠 수 있는 것이지만 이와는 다르게 각 학생들의 관심과 뛰어난 능력에 의해서 거의 돌발적으로 생성되는 다른 기능들도 있다. 예를 들어, 목화의 성장 과정에 흥미를 가진 학생은 농업 전문가들이나 이해할 수 있는 높은 수준의 자료를 읽고, 실제로 농업에 관련된 실험을 수행하며, 그 분야와 관련된 다양하고 복잡한 연구 방법에 따라 연구를 수행할 필요를 느끼게 된다.

교육 자료가 연구 과제 또는 문제 해결인 경우에도 각 과제에 포함된 특정 과정 기능의 구성 요소나 절차에 초점을 맞추기보다는 학생들이 실제로 자료를 사용하여 학습하는 과정에서 요구되는 각 과정 기능을 필요에 따라 적절하게 이용하는 것이 중요하다. 왜냐하면 과정 기능과 내용이 분리되면 고차원적 사고 기능이 다른 교과 영역이나 현실적인 문제 또는 상황으로는 전이되지 못한다는 점에서 과정 기능이 내용과 통합적으로 활용되어야 한다는 것이 강조된다.

상급 수준의 교육 내용에 통합된 과정 기능을 적용하는 것은 영재 교육의 또 다른 목표이므로 과정 기능의 적용은 자기 주도적인 문제 해결로 독창적인 결과물을 산출하는 과정을 필요로 하는 소규모 집단 프로젝트나 개인적 독립 연구를 수행할 때에 사용된다.

영재교육 프로그램과 교육 자료에 대한 학생 입장에서 고려할 부분은 영재 학생의 교육적 요구에 대한 적합성 여부를 판단하는 것으로 이 부분의 점검 내용은 어떤 자료가 영재 학생에게 차별화된 교육 경험을 제공하고 교육을 촉진시킬 수 있는지를 검토하는 것으로 도움을 받을 수 있는 몇 가지 항목은 다음과 같다.

✧ 영재아의 관심이 교육 내용에 반영되어졌는가?
✧ 교육 자료에 포함된 질문이나 자료 제시 형식이 영재아의 학습 양식에 적합한가?
✧ 자료의 구성이 일반학생을 대상으로 하는 선행학습과는 차별

화 되어 있는가?

✧관련 영역을 더욱 학습하고 연구하도록 유도하는가?

✧사용 가능한 참고 자료가 적절하게 제시되어 있는가?

✧스스로 학습 결과물을 만들도록 하며, 적절한 제출 방안을 제시하는가?

위와 같은 몇 가지 요인과 더불어 심도 있는 교육 자료 검토를 원하는 경우에는 영재교육 자료의 개발 지침이나 평가 항목을 참고할 수 있다. 영재성 신장을 위해서는 다양한 측면에서의 발달을 촉진하는 다음과 같은 요소가 포함되어 있는지를 검토할 수 있다.

✧언어적 또는 지필적 의사소통 능력 개발 요소가 포함되어 있는가?

✧분석, 종합, 평가와 같은 고차원적 인지 발달 과정을 촉진시키는가?

✧자신과 타인의 이해와 같은 정의적 영역의 개발을 향상시키는가?

✧판단이나 의사결정 과정과 같은 비판적 사고 발달을 촉진시키는가?

✧자기표현이나 개방형 응답과 같은 발산적 사고를 개발하는가?

✧문헌 연구 및 과학적 연구 방법의 이해와 적용과 같은 기능을 발달시키는가?

✧정교화, 표현력, 개인적 가치의 책무성과 같은 가치화 능력을 개발 하는가?

✧집단 역학, 집단 상호작용, 의사소통과 토의 기법 등을 개발하는가?

✧유창성, 유연성, 독창성, 정교성과 같은 창의성 개발을 향상시키는가?

영재아를 위한 교육 프로그램을 선정할 때에는 교육 자료에 위와 같은 활동들이 포함되어 있는지를 검토해야한다. 자녀가 영재교육 프로그램에 참여하고 있는 경우에는 일반 학교 수업과는 다른 과제 활동 내용을 이해하고 가정에서도 주어진 과제활동을 수행할 수 있도록 적극적으로 지원하는 환경을 조성할 필요가 있다.

2. 바람직한 영재교육 환경

환경은 학습에 영향을 미치기 때문에 효과적인 학습 환경 조성을 위해서 수업 목적에 따라 교실 구성 방식을 변경해야 한다. 따라서 영재 교육은 학습 환경면에서도 일반 교실과는 다르게 변화시킬 필요가 있는데, 영재 교육은 교사가 학습을 주도하는 교사 중심 수업이 아니라 교사는 학습을 안내하는 역할만을 수행하는 학생 중심의 수업이 영재 학생에게 적절한 학습 환경이다. 영재교육을 위한 학습 환경의 주요 요인은 [그림 6-4]와 같다.

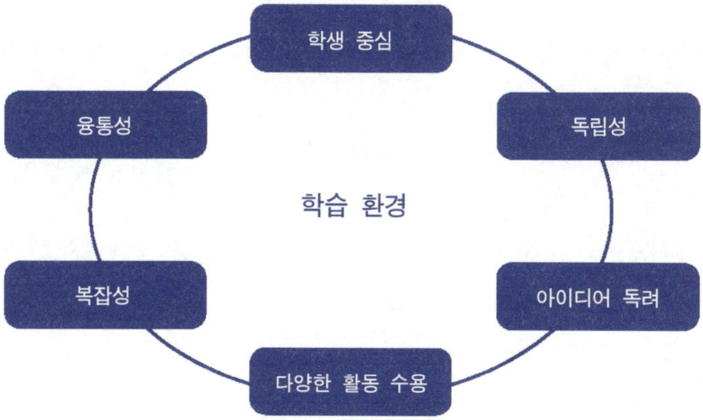

[그림 6-4] 영재교육을 위한 학습 환경

영재교육을 위한 변별화된 교육과정 운영을 위한 교실 환경은 일반학생을 위한 교실과는 차별화되어야 하는데 영재교육을 위한 교실 환경 개선에 대한 몇 가지 기준은 다음과 같다(VanTassel-Baska, J., 1998).

- 주제 탐색이나 연구 계획과 같이 연구 과정을 강조한 교육과정이다.
- 수업 중에 탐구 중심의 문제 해결 학습이나 고차원적 사고 전략을 사용한다.
- 활동 중심의 수업으로 학생들이 과정에 능동적이다.
- 실생활과 관련된 문제 중심의 개념 이해와 문제 해결과정을 평가한다.
- 개인의 학습일지나 보고서등을 이용한 포트폴리오 평가를 실시한다.
- 학생들이 창의적으로 연구를 계획하고 수행하며 교사는 실험 설계를 안내한다.
- 실생활에 관련된 문제를 토의하고 이에 대한 사회적 의미를 고려한다.
- 교사는 토론의 쟁점을 제시하고 고차원적 사고를 요하는 질문을 한다.
- 주어진 과제 수행에서 추리와 비판적 사고 등을 많이 요구한다.
- 교사는 학생들의 집단 토론과정에서 추상적 사고를 요하는 질문을 많이 한다.
- 학생들의 능동적인 학습을 유도하는 교육 과정이다.
- 개인의 학습 속도를 고려한 교수·학습이 이루어진다.

참/고/문/헌

이경화, 최병연, 박숙희(2005), 영재교육, 박학사, p. 190.

Cross, T. L., & Coleman, L. J.(1992). Gifted high school students' advice to science teachers. *Gifted Child Today, 15(5)*, 25-26.

Enersen, D. L.(1994). Where are the scientists? Talent development in summer programs. *Journal of Secondary Gifted Education, 5(2)*, 23-26.

Hacker, R. G., & Rowe, M. J.(1993). A study of the effects of an organization change from streamlined to mixed-ability classes upon science classroom instruction. *Journal of Research in Science Teaching, 30(3)*, 223-31.

Lynch, S. J.(1992). Fast-paced high school science for the academically talented: A six-year perspective. *Gifted Child Quarterly, 36(3)*, 147-54.

Roedell, W. C.(1990), Nurturing Giftedness in Young Children, ERIC EC Digest #E487, The ERIC Clearinghouse on Disabilities and Gifted Education (ERIC EC), The Council for Exceptional Children.

VanTassel-Baska, J.(1998), Planning Science Programs for High-Ability Learners, ERIC EC Digest #E546, The ERIC Clearinghouse on Disabilities and Gifted Education (ERIC EC), The Council for Exceptional Children.

VanTassel-Baska, J., Gallagher, S., Bailey, J., & Sher, B.(1993). Scientific experimentation. *Gifted Child Today, 16(5)*, 42-46.

제 7 장

영재교육 정책의 흐름

제1절 우리나라 영재교육의 정책적 의의

제2절 영재교육 정책의 추진 경과

제3절 영재교육의 현황

제4절 영재교육의 추진 방향

제5절 영재교육이 나아가야 할 방향

제7장
영재교육 정책의 흐름

제 7 장
영재교육 정책의 흐름

제1절 우리나라 영재교육의 정책적 의의

21세기는 정보화, 국제화시대이며 무한 경쟁의 시대다. 미래학자 앨빈 토플러는 그의 저서 '권력의 이동'에서 "미래를 지배하는 것은 자원도 자본도 무기도 아닌 두뇌"이고, 앞으로 국제사회는 지식과 정보에 의해 좌우되는 시대가 도래 할 것이라고 예언하면서 영재교육의 중요성을 부각시켰다. 즉, 과거의 군사력과 경제력의 시대는 가고 지식이 새로운 권력의 원천이 된다는 것이 그의 권력이동의 핵심명제이다. 지식에 의존도가 높은 권력이동, 즉 물리력과 부 자체는 영재교육에서 중요하게 다루는 창의성과도 일맥상통하는 것이다.

따라서 영재 개인뿐 만 아니라 국가와 사회의 가치 창출을 위하여 상대적으로 잠재력이 우수한 영재들을 조기에 발굴하여 적절한 지원을 해 줌으로써 그들이 가진 타고난 재능과 능력을 미래에 유감없이 꽃피울 수 있도록 지도하는 것이 필요하다.

우리나라도 최근 영재교육에 대한 논의가 활발하게 이루어지고 있으며 그 필요성은 크게 세 가지 차원에서 살펴볼 수 있다.

첫째, '국가 경쟁력 강화'의 차원이다. 21세기 지식기반사회에서 국가경쟁력의 핵심은 인간이며 인재를 어떻게 육성하느냐에 따라 국운이 좌우된다. 이런 점에서 영재양성교육의 추진은 필수불가결한 일이다. 현대는 사회 구성원들의 지적 자산이 국가 사회 발전의 원동력이 되는 지식정보화사회이다. 선진국들은 기술보호를 위한 장벽을 굳건히 하고 있다. 과학과 지식의 발달이 소수의 뛰어난 과학자의 공적에 의하여 좌우된다는 점을 생각한다면, 연구개발과 생산능력이 탁월한 창조업적인 전문가의 양성은 더욱 중요하다.

영국의 과학철학자 White Head는 '교육받은 영재들의 가치를 깨닫지 못한 민족은 불운을 초래한다'고 설파하고 있다. 이러한 시대적 요구에서 볼 때 뛰어난 능력을 소유한 영재들은 국가 사회의 중요한 자원이므로 영재들을 조기에 발굴하여 그들의 잠재력을 최대한 계발시키는 것이야말로 국가·사회 발전과 사회 구성원 모두의 삶의 질 향상을 위하여 무엇보다도 중요하다.

둘째, 우리 헌법 제31조에서 규정하고 있는 '국민의 기본권인 교육기본권', 즉 '누구나', '능력에 따라', '균등하게 교육을 받을 권리'를 국가적 차원에서 보장하는 것도 중요하다. 예를 들어, 신체적·정신적 장애를 가진 학생에게 장애의 정도에 맞는 시설 등 교육 여건과 교육과정을 갖추어 '공교육' 차원에서 특수교육을 실시하는 것처럼, 보통교육 체제 하에서는 그 능력을 충분히 발휘하지 못하고 타고난 잠재성이 사장될 수 있는 영재 학생들에게 '균등한 교육기회를 제공'한다는 차원에서도 영재교육은 필요하다. 소수의 영재 학생 개개인에 맞는 교육기회와 권리를 보장하여 교육적 만족을 주는 것이 타당한 일이며 이는 인본주의적 관점에서도 바람직하다고 볼 수 있다. 평등과 수월성은 조화로운 것으로 생각하여야 한다.

셋째, 영재교육의 특수성을 들 수 있다. 영재들에 대한 교육의 수월성 추구를 위해서는 영재학생들에 맞는 특수한 교육과정과 교육환경이 제공 되어야 한다. 최근의 영재성에 대한 연구는 영재가 태생적(gifted)이라는 입장에서 발전 또는 개발적(developed)이라는 입장으로 전환되는 경향이 있다. 이러한 입장의 변화는 영재성의 발현에 있어 태생적 요소뿐만 아니라 환경적·정의적 요소가 중요하다는 것을 인정하는 것이다.

영재도 길러진다는 측면에서 보면 일정부분 환경의 소산이다. 그들은 일반아와 같은 교육 내용, 방법, 진도에 대하여 권태감이나 불만을 느끼며 이를 방치할 경우 상급학년으로 올라갈수록 학교생활에 부적응하여 성취도가 낮아질 수 있다. 특히 평준화교육을 강조하는 분위기에서는 영재의 잠재적 재능이 고려되기가 더욱 어렵다. 영재에게는 그들의 특성에 알 맞는 특수한 교육프로그램이 투입되어야하며 이에 적합한 교육환경이 제공되어야 한다. 이러한 특수성 때문에도 영재교육의 필요성은 절실하다.

그러나 그 중요성에도 불구하고 우리나라의 영재교육은 아직도 찬반론이 양립하고 있는 실정이다. OECD(2004)의 국제 비교 연구 결과를 보더라도 우리나라의 평준화 정책의 공교육이 전체 학생들의 평균적 학업 성취 수준을 세계적 수준으로 끌어올렸지만 상위권 학생들의 국가경쟁력은 이에 미치지 못하고 있는 것으로 보고하고 있다. 이는 학생들의 개인차를 고려한 형태의 수준별 심화 교육이 제공되지 못하고 있기 때문으로 분석하고 있다. 그나마 영재교육진흥법이 2002년 3월부터 시행되어 그 논의가 활발하게 이루어지고 있는 것은 다행스러운 일이다.

제2절 영재교육 정책의 추진 경과

우리나라의 영재교육은 1974년 평준화의 도입 이후 국가 경쟁력 강화라는 국가적인 차원과 교육 기회의 형평성 제고라는 개인적인 차원에서 논의가 이루어져 왔다. 1983년에는 과학영재들을 조기에 발굴하여 뛰어난 과학적 소질을 계발하여 주고 과학에 뜻을 가진 우수 학생들에게 풍부한 교육 프로그램을 제공함으로써 장차 첨단

과학기술 경쟁시대를 대비한 창의적 인간으로 성장할 수 있는 모든 기회를 제공하고자 하는 목적으로 경기과학고등학교가 설립되었다. 이를 계기로 과학 분야에서 영재교육을 실시하기 위한 노력이 부분적으로 진행되었다.

그 이후 영재교육을 본격 논의하기 시작한 시기는 1995년 5. 31 교육개혁 조치에 의하여 당시 교육개혁위원회에서 영재교육 강화를 제안한 이후라고 할 수 있다. 영재교육 강화의 필요성은 1995년 교육개혁위원회의 대통령 보고서에서부터 지속적으로 제기되어 왔다. 이 '5 · 31 교육개혁보고서'는 각 분야별 영재를 판별할 수 있는 과학적인 도구를 개발 적용하여 영재를 조기에 발견하도록 하고, 영재가 자신의 수준에 맞는 교육을 받을 수 있도록 정규 학교 내의 영재교육과 영재교육기관을 통한 영재교육을 활성화할 것을 주문하고 있다. 또한 연구소 또는 대학에 영재교육센터를 설치하고 운영 지원할 것을 제안하고 있다. 이에 따라 1996년 한국교육개발원의 영재교육센터 설치를 토대로 전국적으로 영재교육 시범학교와 시도교육청에 영재반을 운영하도록 하였다. 1997년부터 과학기술부의 지원으로 대학부설 과학영재교육센터를 운영하기도 하였다.

이와 더불어 법률적 기반 수립을 위해 2000년 1월 28일에 「영재교육진흥법」을 제정 · 공포하여 2002년 3월 1일부터 시행하도록 하였다. 영재교육진흥법이 제정됨에 따라 2001년 5월 7일 대통령이 주최한 '인적자원관계 장관간담회'에서 교육인적자원부가 구상해 온 영재교육 정책 추진방향에 대한 국무위원들 간의 논의가 이루어졌으며, 2001년 9월 19일 제 5차 인적자원개발회의에서는 과학기술부 장관 명의로 제출된 '과학영재학교 설치 · 운영 방안'이 논의되기도 하였다. 2002년 4월 18일 「영재교육진흥법시행령」이 제정 · 공포되었으며 영재교육이 공교육 체제하에서 보다 체계적이고 종합적으로 이루어질 수 있는 토대를 마련하였다.

2002년 11월 29일 제 13차 인적자원개발회의에서는 부총리겸 교육인적자원부 장관이 영재교육진흥종합계획(안)을 확정지었다. 이 영재교육진흥종합계획은 2002년부터 2007년까지의 영재교육 추진 세부 계획을 담고 있다. 이와 더불어 지난 30년간 지속되어 온 평준화 제도에 대한 보완이 필요하다는 여론 제기에 따라 교육의 보편성과 수월성을 조화할 수 있는 '창의적 인재양성을 위한 수월성 교육 종합대책'이 2004년 12월 22일 교육인적자원부에 의해 공포되었다.

2007년 12월 13일 국가인적자원위원회에서는 제 2차 영재교육진흥종합계획(2008~2012)이 통과되었다. 이로써 영재교육이 도입된 지난 5년간 태동기에 이어 향후 5년간은 영재교육이 정착되는 영재교육의 발전기에 접어들었다고 볼 수 있다.

제3절 영재교육의 현황

지난 2002년에서 2007년까지 시행된 제1차 영재교육진흥종합계획에서 국가와 지방자치단체는 국가발전에 기여할 세계적 수준의 소수 정예인력 양성을 위하여 영재성 계발 기회의 확대, 영재교육기관의 특성화 및 세계 수준 영재 육성, 고등교육단계와 영재교육의 연계성 확보, 영재교육 담당교원의 전문성 제고, 영재교육 연구 지원 기능 강화 등 5개 목표 달성을 위하여 노력할 것을 제시하였다.

1. 영재성 계발기회 확대

1) 영재성 계발: 포함의 원칙 적용

다른 학생들 보다 타고난 잠재력이나 성취도가 무척 뛰어나기 때문에 특별한 교육을 필요로 하는 학생을 영재라고 규정하지만 어느 정도의 수준이 탁월해야 영재로 보는가에 관해서는 상대적이다. 그렇기 때문에 영재교육대상자를 정의함에 있어 탈락의 원칙과 포함의 원칙을 적용하고 있다.

탈락의 원칙은 소수 정예의 대단히 뛰어난 자를 대상으로 하는 영재교육을 실시할 때, 조금이라도 영재성이 의심되는 학생은 탈락을 시키는 원칙이다. 포함의 원칙은 조금이라도 대단히 뛰어난 성취를 할 가능성이 있는 학생은 포함시키는 원칙이다. 즉, 영재교육대상자의 비율이 높을수록 상대적으로 포함의 원칙을 더 많이 적용하려는 노력으로 본다.

또한, 학자와 국가에 따라 각기 다른 비율의 학생들을 특수교육을 필요로 하는 영재로 본다. 이스라엘은 상위3%, 싱가포르는 상위 1%, 미국은 주별로 각기 다르게 정의하지만 연방정부 법에 의거 상위 15%를 영재교육 대상자로 폭을 넓히고 있고 점차적으로 그 비율을 폭넓게 잡아가는 변화를 보이고 있다.

우리나라에서는 영재교육 대상자를 선발함에 있어서, 지적능력, 창의적 사고능력, 특수학문적성, 예술 등에서 성취도나 잠재력이 뛰어나 정규교육과정과는 다른 특별한 교육을 필요로 하는 학생을 영재교육 대상자로 포함시키도록 규정하고 있다(영재교육진흥법 제5조). 그러나 그 비율을 정하지는 않았다. 포함의 원칙을 적용하더라도 비율이 여건과 실정에도 맞지 않으면 비율로 부작용을 초래할 것을 염려하였기 때문이다.

〈표 7-1〉 **영재교육 수혜 비율**(한국교육개발원, 2007)

구분	한국	미국	영국	이스라엘	싱가포르	중국	러시아
비율	0.59%	1~15%	5%	5%	1%	0.01%	1%

영재교육 대상자를 대상으로 나이가 어린 학생들을 선발할 때는 지적 능력, 창의적 사고능력, 특수학문적성 중에서 어느 하나만이라도 뛰어난 학생은 영재교육 대상자로 포함시킬 수 있다. 그러나 우리나라의 초기 영재교육 실시 상황에서는 지식이나 기능의 습득, 숙달 정도보다는 창의적으로 문제를 해결할 수 있는 정도를 더 중요한 기준으로 영재교육 대상자를 선발할 필요가 있다. 그 이유는 영재교육의 목표가 창의적 문제해결력의 계발이므로 영재교육 대상자 선발 방식 때문에 영재교육대상자들이 지식과 기능 습득 창치우친 교육을 받을 가능성을 오히려 높일 것이 우려되기 때문이다.

2) 영재교육 대상자의 점진적 확대

우리나라에서 영재교육진흥법에 의거하여 영재교육기관으로 인정된 기관에서 공식적으로 영재교육에 참여하고 있는 학생의 수를 보면 2003년에는 약 19,974명 정도이던 것이 2007년에는 46,006명 정도로 증가하였다. 또, 영재교육기관 수는 2003년 400기관에서 2007년 633기관으로 증가하였다. 비록 영재교육 수혜자와 영재교육기관의 수는 증가하였지만 그 비율은 정부가 공식적으로 영재교육을 실시하는 나라에서는 찾아보기 힘들 정도로 비율이 낮다.

영재교육을 법적으로 또는 정책적으로 권장하거나 의무화한 나라들 중 가장 낮은 비율로 영재를 정의하는 경우가 상위 1%인 점을 비추어 보면 알 수 있다. 더 많은 영재들이 영재교육에 참여할 수 있는 기회를 갖도록 하여야 할 것이다. 이에 따라 2008년도 이후에는 1% 수준으로 확충할 필요가 있다.

영재교육 대상자를 4만 명으로 잡을 때, 이중 영재교육원에서 대부분(약 3만 명 내외)의 학생을 수용하고, 영재학급에서 일부분(약 1만 명 내외)을 수용하는 방향으로 추진하는 것이 바람직하다. 그 이유는 우리나라의 영재교육을 실시하는 데 필요한 준비가 짧은 기간에 이루어지기가 어렵기 때문이다. 일반학교에서 영재학급을 운영할 경우, 일반 학생들을 지도하면서 동시에 영재교육까지 해야 하므로 영재교육에 대한 준비가 어려울 것으로 보인다. 또한 일반 학생들과의 위화감을 불러일으킬 수 있다는 문제도 도출된다. 영재교육에 대한 인식이 제고되면 시도교육청이나 대학이 운영하는 영재교육원은 영재들만을 대상으로 집중적인 준비를 할 수 있으므로 일반 학교보다는 영재교육 실시에 필요한 준비가 좀 더 용이하게 이루어질 수 있을 것으로 판단된다.

〈표 7-2〉 **영재교육기관 운영 현황**(영재교육지원과, 2008)

구분	영재학급	영재교육원	과학영재교육원
운영 주체	시도교육청	시도교육청	대학
교육 대상	초등 4년~중학생	초등 4년~중학생	초등 4년~중학생
교원	일선 교사	일선 교사	교수/강사/교사
교육 과목	수학, 과학, 예술 등(주로 수학, 과학)		수학, 과학
전국 규모(2007)	708개/13,255명	239개/26,035명	25개/6,289명

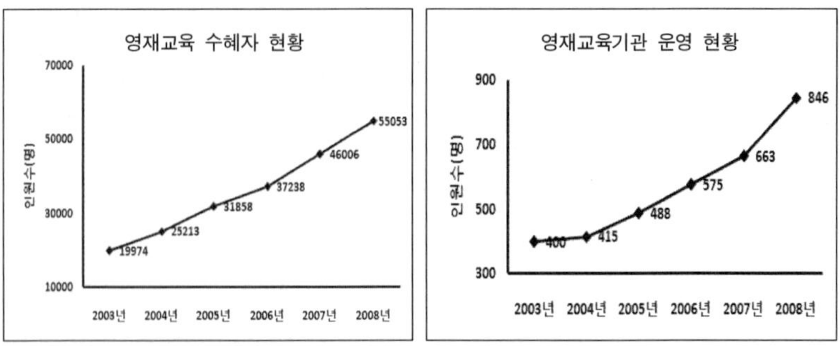

[그림 7-1] 영재교육 수혜자 및 영재교육기관 운영 현황
(제2차 영재교육진흥종합계획, 2007)

3) 영재교육 분야의 확대

지금까지 영재교육은 주로 과학 분야에 치중하여 이루어졌다. 국가 사회의 장기적이고 지속적인 발전이 이루어지도록 하기 위해서는 다양한 분야의 영재들을 발굴하고 그 영재성을 최대로 계발시켜 줌으로써 다양한 분야가 균형 있게 발전하도록 하는 것이 필요하다. 과학기술의 발전이 국가 경쟁력을 향상시킬 가능성이 있으나 과학 분야 외의 다른 분야에 특별한 잠재력과 재능을 보이는 학생들에게도 자신에게 적절한 교육을 받을 기회를 제공할 수 있어야 할 것이다.

선진국 중 이스라엘의 경우는 주로 지적 능력이 뛰어난 학생들을 선발하여 수학, 과학, 인문사회, 예술의 다양한 분야의 전문성을 추구해 나가도록 격려하고 있다(이스라엘 교육부, 2000). 미국의 경우에는 그 분야가 매우 다양하여 대부분의 학문 및 예술 분야의 영재교육을 하고 있다고 해야 할 것이다. 대만의 경우에는 학문적 재능, 음악, 미술, 체육 및 지도력 각 분야의 재능을 계발시켜 주려는 노력을 하고 있다.

우리나라에서도 과학 영재교육 프로그램을 운영하는 기관에서 수학이나 정보 분야의 프로그램을 운영하기는 해왔다. 그러나 과학에 대한 비중만큼 크지는 않았다. 문화 예술 영역에서의 영재교육도 대단히 미미했다. 인문사회 분야의 영재교육은 더욱 그러하다.

선진국에서는 초등학생을 대상으로 해서 대체로 지적 능력이 우수한 학생들을 선발하여 다양한 영역의 프로그램을 개설하고, 자신의 관심에 따라 선택하도록 함으로써 자신의 흥미와 적성을 탐색할 수 있는 기회를 제공해준다. 중등학교 시기 이후에는 확인된 분야의 재능을 더욱 심도 있게 계발시켜 나가는데 역점을 둔다. 그러므로 과학 영재학교, 예술학교 등을 주로 고등학교 이상의 학교급에 두고 있다.

우리나라에서도 초등학생과 중학생을 대상으로 하는 영재교육기관에서는 수학 · 과학과 함께 예술 · 정보화 · 언어 등 다양한 분야의 프로그램을 제공하고, 고등학교 이상의 수준에서는 각 영재교육기관별로 특정 전문분야의 영재교육을 제공하는 것이 바람직하다.

〈표 7-3〉 분야별 영재교육 현황(제2차 영재교육진흥종합계획, 2007)

구분	수학	과학	수·과학	발명	정보	언어	예술	체육	인문사회	기타
학급수	621	753	736	60	203	5	76	6	20	103
학생수	11,334	12,544	14,114	1,169	3,173	1,028	1,184	114	366	980
비율(%)	24.6	27.3	30.7	2.54	6.90	2.23	2.57	0.25	0.80	2.13

2. 영재교육기관의 특성화 및 세계수준 영재육성

1) 영재학교

영재학교는 전문분야 영재를 대상으로 전일제로 운영하는 학교를 말한다. 영재학교는 국가차원의 인력육성을 위하여 중앙정부가 주도적으로 운영하고 있다. 중앙정부가 영재학교를 주도적으로 지정하여 운영하는 이유 중 또 다른 이유는 영재학교의 운영이 시 · 도교육청의 지원에만 의존하지 않고, 중앙정부의 여러 부처의 행정적 재정적 지원을 받을 수 있도록 함으로써 각 분야의 영재학교들이 세계적인 수준의 영재교육기관으로 육성하기 위함이다.

과학 분야에서는 이미 2001년에 부산과학고를 과학 분야의 영재학교로 지정하여, 교육인적자원부가 총괄적으로 행재정적인 지원을 하고 과학기술부와 부산시교육청이 협약에 의하여 학교 운영을 지원하고 있다. 2009년에는 서울과학고등학교가 영재학교로 지정되어 개교하였으며 2개 정도의 영재학교가 추가로 지정될 예정이다.

1983년 과학고등학교가 처음 설립된 이래 각 시도교육청이 경쟁적으로 과학고등학교를 설립 운영하게 되었다. 특수 목적 고등학교의 수가 증가함에 따라, 이 교육기관이 소수 정예의 영재를 대상으로 하는 영재교육기관이라기 보다는 각 분야의 우수 학생들이 수능비교 내신제를 활용하여 원하는 대학에 진학하기 위해서 이용하는 기관으로 인식되기 시작했다. 이처럼 특수 목적 고등학교들이 영재교육기관으로서의 특성화에 실패한 것은 이 학교의 설립에 대해 중앙정부가 통제할 수 없었기 때문이라는 인식에 따라, 영재교육진흥법에 따라 설립, 설치 지정 운영할 영재학교는 중앙정부가 주도적으로 지정 운영할 필요성이 대두되었다.

각 분야의 국제적 수준의 창의적인 전문가를 양성하기 위해, 과학영재학교에서는 연구를 중시하는 교육을 실천해야 할 것이다. 이미 과학영재학교에서는 R&E(Research and Education)라는 학생 개인연구 중심의 사사제도를 도입할 예정으로 있다. 이런 방법은 미국 일리노이 수학과학 고등학교(Illinois Math and Science Academy)를 비롯한 대부분의 과학고등학교와 이스라엘의 과학 예술고등학교 (Israel Arts and Science Academy)가 적용하고 있는 방법이다.

〈표 7-4〉 **과학영재학교 현황**(영재교육지원과, 2008)

구분	과학영재학교(부산)	과학고등학교
운영 주체	부산시교육청(정부지원)	각 시도교육청
설립 목적	과학영재교육(영재교육진흥법)	과학영재교육(초중등교육법)
교원	KAIST파견교수/계약교원/교사	교사
정부 지원	150억 원(교육청 80, 정부 70)	평균 32억 원(정부 2.6억 원)
전국규모 (2007)	432명	20개/3,501명

영재학교의 교원이 갖추어야 할 전문성은 크게 두 가지다. 하나는 교수법에 관한 전문성이며, 다른 하나는 교과 영역의 지식과 기능에서의 전문성이다. 중등학교에서의 영재교육 담당 교원은 그 분야의 전문성을 갖춘 자가 더 필요하다. 특히 고등학교 수준의 영재학교에서는 특별히 속진에 중점을 두지 않아도 대학 수준의 내용을 다루게 된다. 이에 교사자격증은 없으나 그 분야의 전문가인 사람들을 계약제 교원으로 임용할 필요가 있다. 따라서 과학영재학교에서는 교원들의 전문성과 역량을 최대로 발휘하고 교육과정 적용의 수월성을 위하여 일부의 교원들을 계약직으로 채용하고 있다.

영재교육진흥법은 영재학교의 교장에게 자율권을 최대한 보장할 것을 규정하고 있다. 학생의 선발 방법 및 기준의 결정, 교육과정의 내용과 방법이 학교 나름대로 결정할 수 있는 가장 중요한 부분이다. 이렇듯 학교의 장에게 영재학교 운영의 자율권을 최대한 보장하는 이유는 영재학교의 학생들은 특이한 학생들이 많이 있기 때문에, 그들의 교육적인 요구를 최대한 반영하여 교육을 실시할 수 있도록 하기 위해서이다. 또한 특수목적 고등학교는 각 시도교육청의 관할 하에 있었으므로, 영재교육 대상자를 그 시도교육청 관내 학생으로 제한해 왔다.

그러나 영재교육진흥법은 영재학교의 경우에는 그 영재학교가 시도교육청의 관할권 하에 있더라도 전국 단위로 학생을 선발할 수 있게 규정하고 있다. 이는 영재학교를 중앙정부가 주도적으로 지원하는 동시에, 학생도 전국적으로 최고 수준의 도전을 필요로 하는 학생들을 선발할 수 있도록 하기 위해서이다.

2) 영재교육원

영재교육원은 교육청, 대학, 정부출연기관, 국공립연구소, 공익법인 등이 설치 운영할 수 있다. 영재학교보다는 덜 집중적이나, 영재학급 보다는 더 집중적인 교육이 가능하다. 특히 영재교육원은 교육이 학생들이 매주 1일은 하루 종일 자신이 속한 학교를 가지 않고 영재교육원에서 생활하도록 운영하는 방안도 권장한다. 현재는 대부분의 영재교육원이 방과 후, 주말, 방학 시간을 이용하여 영재교육을 실시한다.

세계적으로 잘 알려진 영재교육원으로는 이스라엘의 와이즈만 과학연구소(Wisemann Institute of Sciences), 미국의 페르미 연구소(Fermi National Accelerator Laboratory), 아르곤 연구소(Argonne National Laboratory) 등이 있으며, 대학 부설 영재교육원으로는 존스 홉킨스 대학교 부설 영재교육센터(Center for the Talented Youth), 퍼듀 대학교 부설 영재교육원(Gifted Education Resources Institute), 스텐포드 대학교 부설 영재교육원(Educational Program for the Gifted Youth) 등이 있다.

영재교육원에서는 각 분야의 창의적 전문가 양성을 목표로 정규 교육과정에서 다루지 않는 내용을 학습한다. 대학 부설 영재교육원은 영재교육원 별로 특정 분야의 영재교육 프로그램을 집중적이며 전문적으로 제공한다. 교육청 주관 영재교육원은 다양한 분야의 영재교육 프로그램을 제공하면서 영재들의 적성과 재능 발굴 기회를 제공한다.

〈표 7-5〉 학교급별 영재교육기관 설치 현황

(* 특목고 재학생 미포함, 교육인적자원부/16개 시 · 도교육청/한국교육개발원, 2008)

기관	기관수	학급수	학생수	비율
영재학교	1	24	427	0.8%
영재학급	580	994	19,125	34.7%
영재교육원	265	2,006	35,501	64.5%
합계	846	3,024	55,053	100%

3) 영재학급: 영재성 조기 발굴

영재학급은 가능한 한 지역공동의 비상설 영재학급으로 다양한 영역의 비정규 교육과정을 방과 후, 특별활동 시간, 재량활동 시간을 활용하여 운영한다. 영재학급의 기능은 지리적으로 영재교육원을 갈 수 없는 중·소도시 및 농어촌 지역의 학생들에게 영재교육을 받을 수 있는 기회를 제공하고, 영재를 발굴하는 데 초점을 둔다. 인접해 있는 여러 개의 학교가 공동으로 선발, 프로그램, 교사를 활용하여 한 학교에 모여서 운영하기도 한다.

학생들의 잠재력 계발과 진로탐색의 기회를 제공하기 위하여 영재학급에서는 다양한 분야의 영재교육 프로그램을 통합적으로 운영한다. 영재학급을 운영하는 학교에서는 과학기술, 정보, 발명, 예술, 문예창작, 외국어 등 다양한 프로그램을 동시에 운영한다. 이렇게 함으로써 영재학급에 참여하는 학생으로 하여금 자신의 적성과 특별한 재능이 어느 분야에 있는지를 확인할 수 있는 기회를 제공하는 것이다.

3. 고등교육단계와 영재교육의 연계성 확보

영재학교의 성공여부는 대학입학 전형방법과 밀접한 관계에 있다. 대학입학 전형방법이 각 분야별 영재들의 창의성과 수월성을 타당하면서도 가치 있는 방법으로 평가함으로써, 영재학교에 재학하는 학생들의 창의성 계발에 박차를 가할 수 있게 해주는 동시에 영재들이 대학에 입학한 후에도 지속적으로 도전적인 학습을 할 기회를 제공할 수 있기 때문이다.

대학별로 이미 수시 모집을 통한 특별전형이 많이 확산되어 있다. 이미 부산과학고등학교는 KAIST 등과 특별전형에 관한 협약을 체결하고 학교장의 추천을 받은 학생들은 전문가, R&E 교수, 교장으로 구성된 특별전형위원회를 통해서 무시험 전형으로 입학할 수 있게 하였다. 즉, 영재학교에서의 학습 목표를 달성한 정도에 따라서 학교장이 추천하게 함으로써, 학생들이 학교생활에 충실할 수 있도록 하는 효과가 있다. 그리고 학점 이수 인정 평가제를 통하여 대학 교과목 중 이미 학습 완료된 과목의 이수를 인정함으로써, 개인 연구과목 수강과 조기 석박사 과정 진학을 독려하고 있다.

〈표 7-6〉 졸업생 진로 현황(교육과학기술부, 2008)

구분		과기원	서울대	포항공대	기타	계
2003년		477	91	58	491	626
2004년		438	93	61	545	592
2005년		395	104	65	569	564
2006년	과학고	377	126	80	540	1,123
	영재학교	85	16	16	20	137
2007년	과학고	427	198	84	649	1,358
	영재학교	94	19	7	22	142

4. 영재교육 담당교원의 전문성 제고

국회는 영재교육을 담당하는 교원의 전문성을 신장시키고, 영재교육에 적합한 교원 임용 시스템 마련을 위하여 국내외 전문가를 '계약직 전문교원'으로 임용할 수 있도록 관련규정 개정하였다. 또한, 필요한 분야의 경우 해외 우수인력을 배치하고, 대학 및 연구소 등 전문 인력 파견제도 활성화를 시도하였다.

〈표 7-7〉 영재교육 담당교원 배치 현황(한국교육개발원, 2007)

구분	영재학급		영재교육원		교사수	이수자수 (비율)
	교사수	이수자수 (비율)	교사수	이수자수 (비율)		
인원	2,194	1,447 (66.0)	4,890	3,437 (70.3)	7,084	4,884 (68.9)

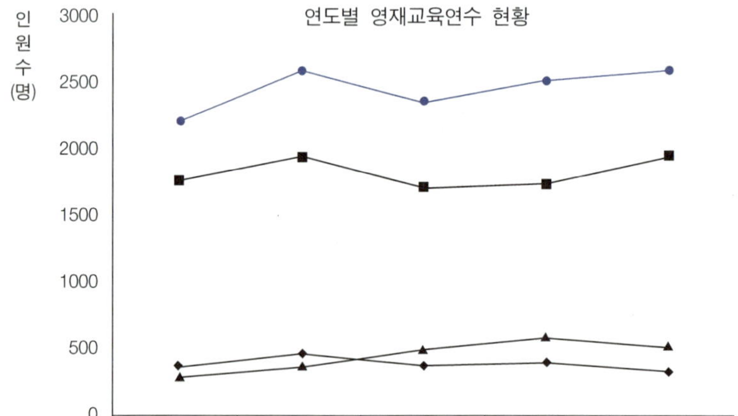

	2003년	2004년	2005년	2006년	2007년
국외연수	282	401	298	337	254
기초연수	1865	2063	1797	1830	2064
심화연수	221	299	424	531	462
전 체	2368	2763	2519	2698	2780

[그림 7-2] 영재담당 교원연수 이수 현황(한국교육개발원, 2007)

영재 지도능력을 갖춘 전문성 있는 우수교원 양성을 위하여 시도 교육청 교육연수원을 중심으로 꾸준하게 연수 프로그램을 운영하였다. 연수는 기초연수(60시간 시도교육청), 심화연수(12시간, KEDI), 국외연수(KEDI 및 시도교육청)로 나누어 실시하고 있으며 영재교육담당교원의 연수이수현황을 보면, 2003년 2368명에서 2007년은 13,128명으로 연수이수자가 증가하였다.

5. 영재교육 연구지원 기능 강화

국가는 영재교육을 전문적으로 지원하는 '영재교육연구원' 을 운영하여 판별도구 및 프로그램 개발 · 보급, 교원연수, 영재교육기관 평가, 현장지도 등 수행, 각 전문 분야별 설치로 전문성을 최대화, 영재교육연구원 정책 개발 기능 및 협력관계 활성화를 꾀하고 있다. 그 일환으로 2002년에 중앙영재교육진흥위원회가 구성되었고 KEDI 영재교육센터를 영재교육연구원으로 지정하였다. 또 KAIST를 과학영재교육연구원으로 지정하였고 25개의 대학부설 과학영재교육원 운영하여 과학 분야의 영재교육을 강화하였다. 영재교육의 예산도 2003년 238억 원에서 2007년에는 515억 원으로 증가하였다.

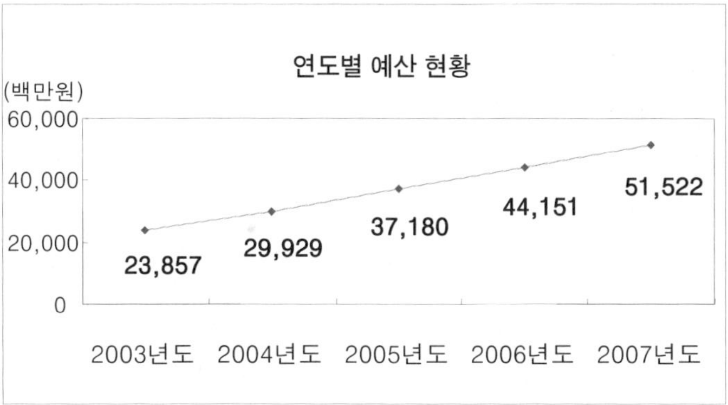

[그림 7-3] 영재교육 예산 변화 추이(한국교육개발원, 2007)

2005년과 2006년에 영재교육진흥법과 시행령을 일부 개정하여 영재교육활성화를 위한 법적 제도적 기틀을 마련하였다. 영재의 발굴 · 계발과 그 지원 및 관리활용 체제를 보완하기 위하여 영재교육에 대한 지방자치단체의 임무가 강화되고, 영재교육을 위한 우수교원의 확보 및 특별한 영재에 대한 학습권 보장 등에 관한 사항이 개선 · 보완됨에 따라 동법에서 위임된 사항과 그 시행에 관하여 필요한 사항을 정하려는 것이 그 이유이다. 그 내용을 살펴보면 다음과 같다.

1) 영재교육대상자 선정권한 및 절차의 변경(영 제11조 · 제12조 · 제16조 및 제17조): 영재교육기관이 영재교육기관에 설치된 선정심사위원회의 심의를 거쳐 영재교육대상자를 선정하도록 하였다(종전에는 영재교육기관의 추천을 거쳐 교육감이 선정하였음).
2) 사회취약계층 자녀에 대한 영재교육대상자 선정기준 및 절차 마련(영 제11조 제4항 단서 신설 및 영 제12조): 사회취약계층 자녀에 대한 영재교육대상자 선정기준을 정하되, 영재교육기관의 장이 선정세부기분을 별도로 정할 수 있도록 하고, 선정 절차에 필요한 비용을 감면할 수 있도록 하였다.
3) 영재학교 교원임용의 특례 및 파견 근무자의 파견 취소(영 제25조 제2항 내지 제4항 및 제28조 제2항 · 제3항 신설): 영재교육 관계 전문가 중 「초 · 중등교육법」 상의 교원 자격이 없는 자도 영재학교의 교원으로 일정기간 임용할 수 있도록 하되, 교원 자격이 없는 교원은 근무기관을 해당 영재학교로 한정하는 한편, 파견사유가 소멸하거나 파견목적이 달성될 가망이 없다고 판단되는 파견 교원 등에 대해서는 영재교육기관장이 파견의 취소를 요청할 수 있도록 하였다.
4) 대학교육과의 연계성 확보(영 제35조의 2 신설): 영재교육과정 이수자가 영재교육기관에서 이수한 대학교육과정을 대학의 학점으로 인정할 수 있도록 하였다.
5) 영재교육특례자 선정 절차(영 제37조의 2 내지 제37조의 6 신설): 영재교육연구원에 특례자선정심사위원회를 설치하고, 선

정심사위원회의 설치 · 구성 및 운영, 특례자 판별 · 심사의 기준 및 절차와 통보, 특례자 전학 · 배치 절차 등에 관한 사항을 정하였다.

6) 영재교육 종합데이터베이스 구축(영 제38조의 2 신설): 한국교육개발원이 구축 · 관리할 수 있는 자료의 범위를 정하고 영재교육기관의 관련 자료 수집 협조 의무를 규정하였다.

7) 영재교육 담당 교원 연수기관 지정(영 제38조의 3 신설): 영재교육의 연구 및 자료개발을 수행하고 있는 영재교육연구원을 영재교육요원연수원으로 지정할 수 있도록 하였다.

6. 제1주기 영재교육의 반성

2002년부터 2007년까지 시행된 제1차 영재교육 진흥종합계획에서 영재교육의 질적 관리가 미흡했다. 영재교육기관 운영 프로그램 평가를 위한 국가적 기준이 마련되지 않아 영재교육의 질적 수준의 제도적 관리 어려움이 있었으며 영재교육기관에 대한 평가실시비율은 2007년 기준 으로 영재학급(41.7%), 영재교육원(34.1%)수준이며 평가에 대한 피드백이 제대로 실시되고 있지 않은 문제점이 있었다.

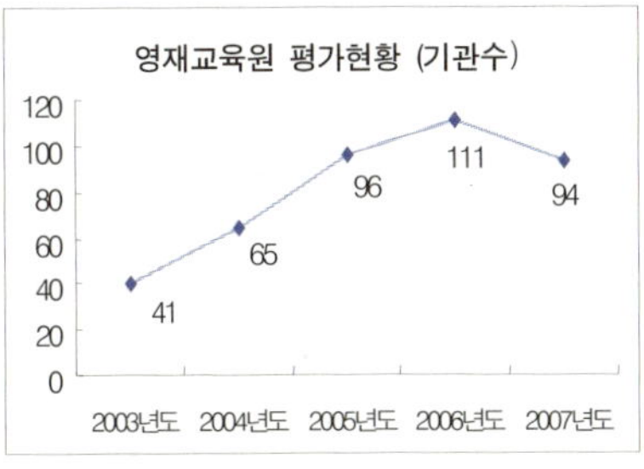

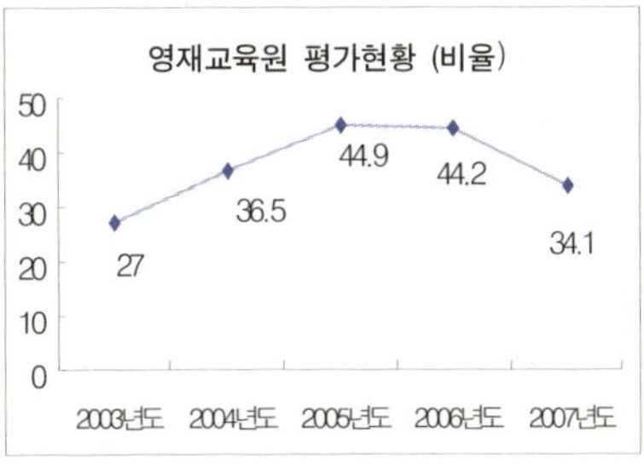

[그림 7-4] 영재교육기관 평가 실시 비율(2차 영재교육진흥종합계획, 2007)

영재교육을 담당하는 교원의 전문성 신장 측면에서도 영재교육에 대한 연수자의 비율을 꾸준하게 늘려온 것도 사실이나 아직까지 영재교육에 대한 연수자의 비율이 담당교사의 2/3 수준이다. 따라서 계속적인 연수 프로그램의 실시를 통한 담당교원의 전문성을 향상시키는 노력이 필요하다.

지속적인 영재교육의 기회를 제공했음에도 불구하고 고등학교급 영재교육에 대한 인식과 참여부족, 고등학교급 영재교육기관 부족 및 고등교육과의 연계 미흡 등의 사유로 영재교육의 기회가 단절되는 사례 발생하고 있다. 2007년도 기준으로 영재교육 수혜 비율을 보면 초등학교: 1.11%, 중학교: 1.03%로 1% 이상을 유지하고 있으나 고등학교에서는 0.13%로 현저하게 비율이 하락하고 있다.

또 지자체의 영재학교 운영 수요는 증대되고 있으나 타 정책과 맞물려 정책 결정 지연되고 있으며, 지자체의 체계적인 정책 · 지원 체제가 미흡하여 시도교육청별 특성화 · 자율화된 영재교육 추진에 애로가 있다.

제4절 영재교육의 추진 방향

교육과학기술부는 제1차 영재교육진흥 종합계획이 마무리됨에 따라 2008년부터 2012년까지 시행할 제2차 영재교육진흥종합계획을 수립하여 그동안 추진했던 영재교육정책에 대한 평가 및 국가차원의 영재교육에 대한 중장기 비전을 재정립하고 우리 현실에 맞는 영재교육의 기틀을 마련하고자 하고 있다. 제 2차 계획이 지향하는 방향은 영재교육의 질 제고와 내실화이며 이를 위한 5대 추진전략 및 13개 세부과제를 포함하고 있다.

그 주요 내용은 영재교육 기회를 2010년까지 전체 학생의 1%까지 확대하는 것과 과학고의 과학영재학교 지정 전환에 따른 영재학교의 확대, 예술 · 체육 분야 영재학교 신설, 교원 연수 기회의 획기적 확대(5년간 약 30,000명 연수)와 영재교육 프로그램과 교원 연수기관 평가 등을 통한 영재교육의 질적 제고, 일반학교 정규 교육과정 내에서 영재교육을 시범적으로 실시하는 내용이 제시되어 있다.

1. 영재 교육의 비전

교육인적자원부는 영재학생들의 잠재력 발현 고도화를 통한 국가경쟁력 강화를 영재교육의 비전으로 삼고 지난 2003년부터 2007년까지의 1주기 영재교육을 영재교육의 도입기로 2008년부터 2012년까지의 영재교육을 영재교육의 발전기로 2013년부터 2017년까지의 제3주기 영재교육을 영재교육의 정착기로 설정하고 제2차 영재교육진흥종합계획을 발표하였다.

2. 영재교육의 목표

교육인적자원부는 2010년까지 전체 초 · 중 · 고생의 약 1%인 8만 여명의 학생들에게 영재교육기관별로 특성화된 영재교육을 제공하려는 목표를 추진하고 있다.

〈표 7-8〉 영재교육 수혜자 목표치(교육통계, 2007, 통계청 자료를 인용하여 산출, 단위: 명)

구 분		2008년	2009년	2010년	2011년	2012년
초 · 중 · 고 학생 수(추산)		7,769,000	7,738,000	7,569,000	7,343,000	7,115,000
수혜자 비율 목표치		0.8%	0.9%	1%	1%	1%
영재교육 수혜자 목표 인원	전체	62,150	69,640	75,690	73,430	71,150
	초	33,850	35,110	37,890	36,530	34,250
	중	27,700	28,730	31,000	29,900	28,800
	고	3,600	5,800	6,800	7,000	8,100

3. 영재교육의 추진전략

1) 영재교육기관의 특성화

영재교육 기회제공 위한 영재학교 지정, 영재학급 · 영재교육원 설치가 확대되었으나 영재교육 프로그램 및 교육기관 운영 방식이 획일화되어 학생의 발달 단계와 지원 주체를 고려한 영재교육 내용의 재정비 필요하다. 즉, 영재교육기관의 특성화를 통한 영재교육에 대한 다양성을 확보할 필요가 있다.

특수 분야의 우수 인재 양성을 위한 영재학교는 질적 수준 유지를 위하여 영재학교 신설 · 전환에 필요한 교원, 시설, 교육과정, 예산 확보, 졸업생의 진로 등 분야별 세부적인 기준을 2008년에 마련하였다. 영재학교 난립 및 교육의 질적 저하 방지를 위해 지정 · 신청한 학교가 기준을 충족한 경우에 한하여 중앙영재교육진흥위원회의 엄정한 심의를 거쳐 영재학교로 지정 · 운영하여 분야별로 관련 부처가 집중 지원할 수 있도록 하였다.

2012년까지 권역별로 과학영재학교는 기존 과학영재학교(부산) 외 3개교를 확대하고 예술 · 체육 영재학교는 2개교 확대 운영할 계획이다. 영재학교는 영재교육의 기능을 강화하기 위하여 특성화된 교육과정 운영으로 창의성 및 리더십 계발 고도화하며 사사교육, R&E(Research and Education)지원, 학점제 운영 등을 통한 전문분야 심화교육을 강화할 것이다.

지역에 따라 영재학급은 효율성을 제고하기 위하여 지역별, 학교 규모별 다양한 영재학급 운영 모델을 적용하고, 대도시 또는 대규모 학교는 단위학교 중심으로, 중 · 소도시 및 소규모 학교는 중심학교 중심으로 영재학급을 개설하고 운영하도록 권장하였다. 또, 농 · 산 · 어촌, 도서 · 벽지학교는 지역 교육청이 사이버 영재학급을 개설·운영하도록 권장함으로써 사이버 영재 학급 수혜자를 2012년까지 30,000명으로 확대할 것이다.

영재성 조기 발굴 및 영재교육기회 확대 등 영재교육 접근성 제고를 위해 초등학교 단계의 영재학급 운영 활성화하고, 중학교 단계에서는 분야별 심화 교육, 고교 단계에서는 분야별 전문 교육 중심의 영재교육 프로그램 제공하여 영재교육기회의 연속성을 확보한다.

추진 전략		주요 과제
영재교육기관 특성화	과제 1	영재학교 특성화
	과제 2	영재학급 특성화
	과제 3	영재교육원 특성화
영재교육 운영개선	과제 1	영재교육 프로그램 개선
	과제 2	영재교육기관 운영 효율성 제고
영재교육 연속성 확보	과제 1	영재교육대상자 선발 제도 개선
	과제 2	사회적 통합성 강화
	과제 3	고등교육 단계의 영재교육 기능 강화
영재교육 담당교원 전문성 신장	과제 1	우수 교원 확보
	과제 2	영재교육 담당 교원의 양성·연수·배치 체계화
	과제 3	영재교육 담당 교원 연수 강화
영재교육 지원 체제 정비	과제 1	관계 법령·제도 정비
	과제 2	영재교육 유관 기관 협력체제 강화

[그림 7-5] 2007 제2차 영재교육 진흥종합계획 추진전략

그리고 영재교육 프로그램을 특별 · 재량활동 등 정규 교육과정 내에 시범 운영하여 영재학급 운영의 환경을 조성할 예정이다. 이를 위하여 학급 설치 시 영재전담교사 또는 영재부장교사 배치를 권장하여 영재교육 담당교원 업무 경감 및 교육 효과를 제고할 것이다.

2009년까지 지역교육청별 최소 1개 이상 영재교육원 운영으로 학생들의 영재교육 기회 확대하며 2012년까지 180개의 영재교육원을 설치할 예정이다. 영재 프로그램의 질적 수준 고도화를 위해 정부 부처의 지원 아래 교육청별 과학, 예술, 발명, 정보 등 특성화된 영재교육원을 운영할 것이다.

〈표 7-9〉 **부처별 영재교육원 운영계획**(2차 영재교육진흥종합계획, 2007)

부처	영재교육원	교육 분야	학년
교과부	교육청 영재교육원	통합교육, 수 · 과학 등	초3-6, 중1-3, 고1-3
	과학영재교육원	수 · 과학 등	초4-6, 중1-3
문광부	예술영재교육원	음악, 미술, 무용 등	초1-6, 중1-3, 고1-3
특허청	발명영재교육원	발명	초3-6, 중1-3, 고1-3
지경부	IT영재교육원	정보과학	고1-3

2) 영재교육기관 운영 개선

영재성 계발을 위한 교수 · 학습자료 개발, 영재캠프 운영 등 교과영역 관련 다양한 프로그램을 운영하고 있으나, 특정 영역에 편중되어 있어 다양한 영역으로의 확대 및 정서적 교육 필요성이 증대(수학 · 과학 영역 약 83%)되었다. 또 영재교육기관의 확대에 비해 운영 프로그램 평가와 컨설팅 부족으로 영재교육의 실태 파악 및 질적 수준 유지에 어려움이 있고, 영재교육기관 평가를 통한 영재교육 내실화 유도 등 영재교육기관 관리 · 유지에 대한 정책을 보완할 필요가 있다.

영재성 계발을 위한 교수 · 학습자료 개발, 영재캠프 운영 등 교과영역 관련 다양한 프로그램을 운영하고 있으나, 수학 · 과학 영역이 약 83%로 특정 영역에 편중되어 있어 다양한 영역으로의 확대 및 정서적 교육의 확대가 필요하다. 분야별 전문 교육과 함께 인성교육 및 리더십 교육을 강화하여 영재들을 차세대 지도자로 육성하기위하여 프로그램에 대한 양적 질적 강화가 절실하다.

〈표 7-10〉 영재교육 프로그램 계발 계획, 대학부설 과학영재교육원 및 한국과학영재학교 개발 자료

(16개 시도교육청 공동 개발 자료만 포함. 2차 영재교육진흥 종합계획, 2007)

<table>
<tr><th>영역</th><th>개발주체</th><th>2008</th><th>2009</th><th>2010</th><th>2011</th><th>2012</th><th>비고</th></tr>
<tr><td>수학과학</td><td>과기부*</td><td>500종</td><td>500종</td><td>500종</td><td>500종</td><td>500종</td><td>2,500종</td></tr>
<tr><td>예술</td><td>문화부</td><td>6종</td><td>6종</td><td>6종</td><td>6종</td><td>6종</td><td>30종</td></tr>
<tr><td>발명</td><td>특허청</td><td>3종</td><td>6종</td><td>6종</td><td>6종</td><td>6종</td><td>27종</td></tr>
<tr><td>인문사회</td><td>교육부, 교육청</td><td>6종</td><td>6종</td><td>6종</td><td>6종</td><td>6종</td><td rowspan="4">102종</td></tr>
<tr><td>창의성</td><td>교육부, 교육청</td><td>12종</td><td>12종</td><td>-</td><td>-</td><td>-</td></tr>
<tr><td>리더십</td><td>교육부, 교육청</td><td>-</td><td>12종</td><td>12종</td><td>-</td><td>-</td></tr>
<tr><td>문예창작</td><td>교육부, 교육청</td><td>-</td><td>-</td><td>-</td><td>12종</td><td>12종</td></tr>
<tr><td>통합</td><td>교육부</td><td>6종</td><td>6종</td><td>6종</td><td>6종</td><td>6종</td><td rowspan="2">60종</td></tr>
<tr><td>소외계층</td><td>교육부</td><td>6종</td><td>6종</td><td>6종</td><td>6종</td><td>6종</td></tr>
<tr><td>계</td><td>4개 부처</td><td>539종</td><td>554종</td><td>542종</td><td>542종</td><td>542종</td><td>2,719종</td></tr>
</table>

영재교육기관의 확대에 비해 운영 프로그램 평가와 컨설팅 부족으로 영재교육의 실태 파악 및 질적 수준 유지 어려워 영재교육기관 평가를 통한 영재교육 내실화 유도 등 영재교육기관 관리 · 유지에 대한 정책적 보완이 필요하다. 국가 차원의 영재교육기관 평가 · 컨설팅 전담기구 설치하여 정기적인 평가와 컨설팅을 통해 프로그램의 수준을 제도적으로 관리해야 한다. 이에 한국교육개발원 평가 및 컨설팅단이 구성되어 2006년부터 시도교육청 34기관을 대상으로 기관평가를 실시하고 있다.

3) 영재교육의 연속성 확보

특정 분야의 잠재성을 지닌 학생을 발굴하기 위한 다단계 전형을 통한 선발 등의 노력을 경주하고 있으나, 조기 발굴의 제한으로 교과 성적과 선행학습의 영향이 크다. 현재 매년 영재교육대상자 선발로 인한 영재교육의 지속성의 한계, 고교급 영재교육기관 부족 및 대학 단계의 지원체계 부재로 영재교육기관 간 연계성 부족하다.

영재성 발현 시기를 감안하여 분야별 선발 시기를 조정할 필요는 있지만, 영재교육대상자 선발 시기를 점진적으로 낮춰 영재교육의 효과를 극대화시킬 필요가 있다. 영재 선발 과정에서 사교육과 선행학습 효과를 최소화하기 위하여 영재성 측정 중심으로 선발하여야 한다.

소외계층의 영재들은 가정의 사회 · 경제적 요인으로 인한 영재성 발굴 기회를 제한받고 있다. 이러한 소외계층 영재들의 경우에는 학부모의 경제적 부담 없이 국가가 집중적으로 관리할 필요가 있다. 영재교육의 참여 기회를 실질적으로 보장하고 권장할 필요가 있다. 영재교육진흥법시행령(2006년)에도 소외계층 영재교육 의무화 규정을 신설하여 2012년에는 소외계층 영재교육 수혜자를 5000

명까지 확대할 계획이다. 이를 위하여 소외계층의 특성을 고려한 맞춤형 교수·학습자료 및 선발도구 개발하고 우리 현실에 적합한 소외계층 영재교육 프로그램을 운영할 필요가 있다.

고등교육 단계에서의 영재교육은 대학의 교육역량 부족으로 영재교육 대상자를 위한 교육과정 및 프로그램의 제공이 미흡하다. 대학과목 선이수제를 통하여 우수 고교생에게 대학 수준의 학습 기회의 제공 및 학점 인정 활성화를 꾀하고 있다. 그러나 이보다는 학부생 연구프로그램(URP)와 같은 제도를 활성화할 필요가 있다. 2007년까지 과학기술대학에서 시범운영하던 Honors Program이 2009년에는 전국 대학을 대상으로 시범 운영된다.

〈표 7-11〉 영재선발 방법(2차 영재교육진흥 종합계획, 2007)

구분	현행	변경
1단계	교사추천	교사추천 강화*
2단계	논리적 사고력 검사	영재성 검사 (창의성 · 지능 · 동기 강화)
3단계	창의적 문제해결력 검사 (수학, 과학, 정보과학)	해당 분야 적성 검사 (수학, 과학, 정보과학, 예술 등)
4단계	면접	면접(심층 면접, 캠프 등)

4) 영재교육 담당교원 전문성 신장

영재교육 담당 교원의 전문성 신장을 위해 기초연수, 심화연수, 국외연수 등을 실시하고 교사자격증 없는 전문가를 영재교육기관 교원으로 임용토록 하는 등 우수 교원 확보를 위해 노력하고 있으나 고도의 전문성을 확보하기에는 아직 미흡하다.

우수교원을 확보하기 위하여 영재교육기관 운영 학교에 영재교육부장 교사제를 운용하고 업무 경감방안을 마련하여 시행할 필요가 있다. 이를 위하여 기초연수 및 심화연수는 시도교육청이 대학 등 전문기관과 연계하여 운영하고 있고 표준화된 영재교육 담당교원 연수과정 운영기준을 마련, 교원 연수 내실을 도모하고 있다.

〈표 7-12〉 2008~2012 영재교육 담당교원 연수 계획(단위: 명)

구분	2008	2009	2010	2011	2012	계
기초연수	3,000	3,000	3,000	3,000	3,000	15,000
심화연수	1,000	1,500	1,500	2,000	2,500	8,500
전문연수	500	500	800	1,000	1,500	4,300
국외연수	200	200	250	300	350	1,300
관리자연수	100	100	200	200	300	900
계	4,800	5,300	5,750	6,500	7,650	30,000

5) 영재교육 지원체제 정비

영재교육의 안착을 위한 영재교육연구원 지정('03), 영재교육 담당 장학사 협의회 구성 · 운영('02) 등 영재교육 지원 기반을 마련하였으나 영재교육 정책 관련 부처간 정책조율을 위한 기능이 미흡하고 지속적인 법 · 제도적 정비로 영재교육 정착 기반 마련이 필요하다.

현재 영재교육종합데이터베이스 구축을 통해 영재교육 수혜자의 종단자료, 영재교육 담당 교원의 종단자료, 교수 학습 자료, 연구물 탑재 등을 통하여 문제점을 해결하고 있다. 또, 관계 법령에 근거 중앙 부처 역할 분담을 명확히 하여 영재교육 정책 실행의 효율성을 증대하고 있다.

제5절 영재교육이 나아가야 할 방향

미래의 영재교육은 지적 능력의 근간에서 창의력 위주로 전환될 것이다. 창의력의 가치 상승과 더불어 인터넷과 같은 정보통신의 발전으로 선천적인 지적 능력과 외부로부터 제공되는 지적능력과의 경계가 와해됨으로써 기존의 영재를 정의하는데 있어서 기준들은 변화할 것이다. 이에 따라 대인관계 영재, 갈등조정 영재, 평화영재 등과 같은 21세기의 문제와 관련된 새로운 영재들이 탄생할 것이다. 이들에게는 도덕교육과 같은 인간 중심의 교육들이 중시되어야 할 것이다. 이와 같은 점을 고려할 때 미래 영재교육의 트렌드는 다음과 같이 변화할 것이다.

우리나라의 역사 속에서 영재교육에 대한 필요성에 대한 인식과 더불어 많은 시도가 있었지만 그 실효에 대한 평가는 만족하지 못하다. 이는 우리나라 정서와는 무관하게 선진국의 영재교육을 그대로 답습하려는 태도에서 비롯되었다고 할 수 있다. 따라서 수요자인 대중들이 영재교육에 대한 올바른 인식을 할 수 있는 방안이 모색되어야 한다.

학문영재 및 예술영재에만 집중된 영재교육에서 21세기에 문화정서를 고려한 새로운 영재교육을 실시해야 할 것이다. 또, 영재들에 대한 사회적 가치를 부여하여 수요자들로 하여금 현실적으로 만족할 수 있는 방안도 모색되어야 할 것이다.

현재의 속진제 중심의 영재교육에서 심화 위주의 영재교육으로, 특수학교 중심의 영재교육에서 정규학급에서의 영재교육으로의 전환이 필요한 때이며, 능력에 따른 기회균등이 강조되는 인식 전환이 필요하다.

〈표 7-13〉 영재교육에 대한 트렌드의 변화(전경원, 2004)

순	현재		미래
1	분리	→	정규학급에서의 통합교육
2	속진	→	심화 학습
3	집단	→	개별화
4	국가 주도	→	민간 주도
5	대학	→	민간 연구소 중심
6	소수 영재	→	다수의 영재
7	소수 교사	→	모든 교사
8	지능 중심	→	창의성 위주
9	소수의 프로그램	→	프로그램 다양화
10	인지 중심	→	사회 정서 도덕성 윤리 부각
11	부모의 소극적 참여	→	부모의 적극적 참여
12	사회의 소극적 자세	→	사회의 적극적 자세
13	교실 교육	→	사이버 공간교육
14	숨겨진 영재 방치	→	적극적 영재 발굴
15	초중등 중심	→	유아중심

참/고/문/헌

교육과학기술부. 제2차 영재교육진흥종합계획('08-'12). 교육과학기술부 홈페이지 탑재자료.

이화국, 김언주, 문정화 역(1993). 영재교육의 방법과 자료. 서울: 대교/한국교육평가센터.

임용우. 2007년 영재교육의 정책방향. 교육과학기술부 홈페이지 탑재자료.

전경원(2004). 새로운 영재재능교육의 이론과 실제. 학문사: 서울

최일호, 최인수(2001). 새로운 생각은 어떻게 가능한가: 전문분야 창의성에 대한 학습모형 접근, 한국심리학회지, 20(2), 409-428.

한기순. 과학 및 수학 영역에서의 영재판별을 위한 "창의적 문제해결력"의 이론적 고찰 및 예, 서울대학교 과학영재교육센타(인터넷 홈페이지 주소: gifted.snu.ac.kr/gifted/home.htm)에서 다운 받음.

Lawson, A. E.(1995). *Science teaching and the development of thinking*. California: Wadsworth Publishing Company.

Simonton, D. K.(1996). Creative expertise: A life-span developmental perspective. In K. A. Ericsson (Ed.), The road to excellence: The acquisition of expert performance in the arts, and sciences, sports, and games (pp. 227-253). Mahwah, NJ: Lawrence Erlbaum Associates.

제 8 장

영재아를 위한 교사와 학부모 역할

제8장
영재아를 위한 교사와 학부모 역할

제 8 장
영재아를 위한 교사와 학부모 역할

오늘날 대부분의 국가에서 영재교육에 대한 관심은 고조되고 있다. 특히 인적자원에 의존하는 국가일수록 영재의 발굴과 영재교육에 열성적이다. 이러한 현상은 국가뿐만 아니라 가정에서도 마찬가지이다. 영재교육에 대한 이 같은 열의에도 불구하고 수많은 영재들이 그들의 영재성을 키우지 못했던 것이 사실이다. 그 이유는 무엇이며, 그 책임은 어디에 있는 것일까? 아마도 영재교육에 대한 오해와 영재아 지도의 한계에서 기인된 것으로 보여진다.

이 장에서는 바람직한 영재아 지도를 위한 방안으로 영재아와 관련된 제요인의 이해, 영재아 학부모와 교사의 자질과 역할, 그리고 영재교육의 방향에 대해 기술하였다.

제1절 영재아 주변 요인

바람직한 영재아 지도를 위해서는 영재아에 대한 이해가 우선되어야 할 것이다. 영재아는 태어난 것 보다는 그 주변의 제요인들에 의해서 만들어진다는 측면에서 영재교육이 요구된다. 이 절에서는 영재아의 개인적인 특성요인, 환경요인, 교육의 기회요인, 그리고 상호작용 요인에 대해서 살펴보았다.

1. 영재아의 특성 요인

영재성이 발휘되기 위해서는 환경적 특성과 개인적 특성이 적절하게 작용하여야 한다. 개인의 특성은 능력 외의 특성을 말한다. 뛰어난 성취에 유리한 성격적 특성에 대해서 Gagné(1993)는 자아효능감, 자아존중감, 자율적인 학습 태도, 높은 동기(흥미, 집중력, 주도적 태도) 등을 포함시켰고, Ziegler와 Heller(2000)는 실패를 극복하기, 높은 성취동기, 스트레스 이겨내기, 학습전략을 알고 사용하기, 자아효능감, 자기 통제하기 등을 포함시키고 있다.

Winner(1996)는 영재성의 계발에 관한 여러 연구를 종합적으로 분석한 결과, 성격적 특성은 한 개인의 성공에 지능보다 더 중요하다는 결론을 내렸다. 유리한 성격적 특성으로 본인이 해낼 수 있다는 자신감과 자아효능감을 바탕으로 주도적이며 자율적으로 자신을 통제해가면서 문제해결이 어렵거나 실패를 하는 경우에도 이를 잘 극복해내며, 유리한 학습전략을 사용하여 연습, 훈련, 경험을 쌓아가는 경향이 있어야 뛰어난 성취를 할 수 있게 된다는 것이다.

Piirto(2000)는 세계적 수준의 창의적인 사람들의 성격적 특성에 관한 많은 연구를 분석한 결과, 그들은 공통적으로 양성성, 상상력, 통찰력, 개방성, 민감성, 끈기, 융통성, 모험하기, 자아효능감, 애매모호한 상황에 대한 참을성, 의지 등과 같은 성격적 특성을 가지고 있었다고 주장한다.

영재성의 발휘에 가장 강력한 영향력을 미치는 특성은 Renzulli의 정의에 나타난 동기이다. 그러나 Renzulli의 과제 집착력은 동기의 세 측면 중 하나에 불과하다. 동기가 강하면 행동을 시작하도록 하고, 이 행동 방향을 결정지을 이행욕구가 채워질 때까지 여러 가지 장애 과제 집착력은 이 행동을 계속적으로 유지시켜 나간다. 과제 집착력이 영재성의 발달에 중요한 이상으로 호기심, 특정한 흥미, 관심, 내재적 동기 등이 방향을 결정짓는 에너지로서 중요하다. 흥미가 어떻게 생겨나는가에 관해서는 잘 알려져 있지 않다. 그러나 적'과제특정 직업에 대한 흥미는 유전적으로 결정되는 경향이 있다는 것은 밝혀져 있다.

지적 영재성을 가진 어린이나 학문적인 특수재능을 보이는 어른들이 주로 보이는 심리적 특성에는 여러 가지가 있다. 그 중에는 자존심, 자아 확신, 통제의 원천, 독립성, 윤리적 판단, 정서적 성숙, 일반적인 정신건강 등이 포함되어 있다. 이러한 성격적인 특성도 어느 정도는 유전에 의하여 영향을 받는다는 증거가 점점 늘어나고는 있지만, 능력이 뛰어나기 때문에 이러한 성격특성을 갖게 되는지, 아니면 반대로 이러한 성격특성이 있기 때문에 더 학문적으로 우수하게 되는지에 관해서는 잘 알려져 있지 않다. 왜냐하면, 이러한 성격특성에 관한 연구들이 주로 지적 학문적 영재와 그렇지 않은 아동들을 비교하기 때문에 다른 분야의 영재성에서도 이러한 성격적인 특성이 나타나는지에 관해서는 분명히 말할 수가 없다.

또한 영재집단과 다른 집단 간에만 성격 특성상의 차이가 나는 것이 아니고 같은 집단내에서도 개인들간에 성격적인 면에서 여전히 차이가 나기 때문에 원인과 결과간의 관계가 분명히 드러나지 않는다. 그러므로 영재들이 강한 자아개념 때문에 재능을 발달시켜 가는 과정에서 그들의 능력을 더 잘 계발시키게 되는 것인지 아니면 지식이나 기능이 뛰어나기 때문에 이러한 성격 특성을 발달시키게 되는지는 정확히 알 수가 없다.

2. 환경요인

환경요인은 크게 사람, 물리적 환경, 교육, 사건, 기회요인 등으로 나누어 볼 수 있다. 의미있는 사람의 역할은 재능의 발달에 가장 큰 영향을 주는 것으로 잘 나타나있다. 사람요인에 관한 연구는 많이 있다. 한 사람이 특별한 재능을 나타내는데 주요한 영향을 준 사람들로 부모, 형제, 교사, 훈련자, 아동이 동일시 할 수 있는 공적인 인물 등이 있다.

시카고 대학의 Bloom(1985)이 음악 분야의 피아니스트, 미술분야의 조각가, 학문 분야의 수학자와 신경생리학자, 운동 분야의 올림픽 수영선수와 테니스 선수 등 여섯 분야에서 국가적인 수준의 저명한 인물들을 대상으로 한 연구에 이러한 인물들의 영향력이 특별히 잘 나타나있다. Bloom의 연구에서는 주로 부모와 즐겁게 노는 과정에서 부모들이 흥미와 관심 있어 하는 일을 같이 하는 동안에 그 분야의 재능을 발전시키게 되었다는 이야기들이 많이 있다. 저명한 인물들이 어렸을 적에 영향을 많이 준 사람은 주로 부모지만 나이가 들면서는 교사의 역할이 더 중요한 것으로 나타났다.

물리적 환경 요인은 매우 중요하지만 너무나 당연한 것으로 받아들여지는 경향이 있을 정도다. 예를 들면, 시골의 어린이들이나 후진국의 어린이들은 재능을 계발하는데 필요한 환경자원을 쉽게 찾지 못한다. 지리적인 특성도 매우 중요한 역할을 하는 열대지방이나 네덜란드 같은 나라에서 훌륭한 스키선수가 되기 어렵고 육지로 둘러싸인 나라에서 뛰어난 항해가가 나오기 어려운 것을 보면 알 수 있다.

교육요인은 지역사회가 제공 가능한 자원과 관계가 있다. 여름캠프, 수학 클럽, 과학 동산, 일류 고등학교 등과 같이 많은 교육적 프로그램은 '영재교육 프로그램'이라는 이름은 붙어있지 않아도 영재들의 재능계발에 긍정적인 영향을 미쳐왔다. 각 프로그램은 내용, 환경, 밀도의 측면에서 분류될 수가 있다. 내용은 프로그램의 활동을 말하는 것으로 그 프로그램이 특별히 길러주는 능력과 관계가 있다.

사건요인은 한 사람의 인생에서 한 순간의 경험으로 인하여 그 사람의 직업 종류를 결정하게 하거나, 직업은 아니라도 집중적인 취미생활을 갖도록 하거나 지역사회에 봉사하게 함으로써 일생동안 영향을 끼치는 것을 말한다. Walters와 Gardner(1986)는 사건요인을 '결정적인 경험'이라고 말한다. 결정적인 경험은 한 사람으로 하여금 특성 분야에 대한 특성이나 특질을 경험함으로써 지금까지 가져왔던 그 분야에 대한 개념이나, 자신에 대한 생각, 그 분야에서의 자신의 능력 수준 등을 바꾸는 반응을 하는 것으로 이 반응은 즉시적이면서도 장기간 계속되는 변화를 가져온다. 이러한 경험은 어른이 되어 저명한 사람이 된 후, 지난날을 회상하는 과정에서 특별한 재능을 갖게 해준 경험으로 확인된다.

기회요인에 대한 Tannenbaum만의 연구에 의하면, 기회에는 ① 수동적인 사람에게 떨어진 행운 ② 환경을 적극적이며 계속적으로 탐색하는 과정에서 행운을 만날 가능성을 더 증가시키기 ③ 그 시간, 그 장소에 있게 됨과 동시에 다른 사람은 볼 수 없었던 것을 볼 수 있는 능력을 가지고 있었던 것 ④ 특징적이고 평범하지 않은 생활양식으로 인하여 행운을 잡을 기회가 많도록 한 것 등의 여러 가지 종류가 있다.

3. 교육적 요인

교육적 요소는 다른 어느 요소보다도 재능의 발달이 이루어지는 장기적인 측면을 보여준다. 영재성의 계발은 네 가지의 발달과정을 통해서 이루어진다. 그 네 가지 발달과정은 ① 자연적인 성숙 ② 매일 매일의 문제해결 상황에서 기능과 지식을 사용하기 ③ 비공식적인 훈련과 연습 ④ 그 분야에서의 활동을 공식적으로 훈련받는 것 등이다.

세계적인 수준의 목표 성취를 하는데 필요한 요인은 공식적이고 체계적인 훈련이다. 대부분의 영재들이 초등학교부터 고등학교 수준까지는 특별히 열심히 공부하지 않아도 잘 마무리 할 수 있다. 그러나 학교 수준이 높아질수록 우수한 성취를 하려면 더 많은 노력이 필요하다. 특히 세계적인 수준의 성취를 하고자 한다면, 수많은 시간 동안 그 분야에서의 힘들고 집중적인 훈련은 필수적으로 필요하다. 성취 수준이 높으면 높을수록 더 많은 시간동안 더 많은 노력을 해야 한다는 것이다. 이런 사실로 인하여 에디슨의 '천재는 1%의 영감과 99%의 땀으로 이루어진다'는 말이 성게 된 것이다.

4. 상호작용 요인

상호작용 요인은 제 요소들 간에는 영향력을 행사하게 되고 이러한 영향은 상호의존적이라는 것이다. 예를 들면, 지적 영재성과 학문적 흥미간의 관계에 대해서는 잘 알려져 있다. 즉, 지적능력이 더 우수한 학생일수록 학습 활동과 학교에서 배우는 공부에 대하여 더 내재적으로 동기화된다는 것이다. 연구가 많이 되어 있지는 않지만 이와 반대되는 경우도 있다. 특정 분야의 재능을 계발하는 연습을 충분히 하고 나면 그 분야의 학습에 대해 흥미가 생겨나게 된다는 점이다.

Bloom의 연구에서도 누구나 자신이 잘 할 수 있고 잘 해왔다고 생각되는 분야의 활동을 더 좋아하는 경향이 있다. 이것이 심해지면 자기가 잘할 수 있는 활동만 하려하고 자기가 질 것 같거나 잘해 낼 수 없을 것이라고 생각되는 활동은 아예 처음부터 손을 대볼 시도조차 거부하는 완벽주의자들이 생겨나게 된다.

개인의 특성과 사회적 특성간에도 상호작용이 있다. 자녀가 특정 분야에 대해서 특별한 관심과 영재성을 보이면, 그 부모는 그 아이를 더 잘 지원해주고자 노력하게 된다. 그러나 이와 반대되는 경우도 많이 있다. 부모의 지지와 격려로 인하여 아동은 그 분야의 재능을 더 많이 계발하고 더 많이 발휘하고자 노력하는 경향이 생기게 된다.

뛰어난 성취를 해낸 모든 사람은 영재들이다. 그러나 학습 부진 영재는 모든 영재가 결국 영재성을 발휘하게 되지는 않는다는 것을 보여준다. 똑같은 수준의 성취를 한 두 사람이 그만큼의 성취를 하는데는 서로 다른 요인에 의존하였을 가능성이 있다. 그 중 하나는 지적 능력이 뛰어나서 특별히 노력하지 않는 사람일 수 있고 또 다른 사람은 부족한 능력을 노력과 시간으로 보충함으로써 그 만큼의 성취를 하는 경우가 있을 것이다.

영재성은 어떤 정의를 하는가에 따라 영재를 판별하고, 판별된 아동들을 대상으로 교육프로그램이 제공되기 때문에 매우 중요하다. 또한 영재성의 판별 방법에 따라 영재교육의 투자 효과가 달라지기 때문이다. 영재의 판별이 잘 이루어지면 영재교육의 효과는 극대화될 수 있는 데 비하여 판별이 적합하게 이루어지지 않으면 영재교육의 효과는 오히려 부정적일 수도 있고 때로는 그 부정적인 영향을 제거하는 데 더 많은 시간과 비용이 들 수도 있다. 모든 영재교육 프로그램과 상황에 들어맞을 수 있는 이론적인 기초가 잡힌 영재의 정의는 없다.

영재성은 타고난 능력 또는 비체계적인 훈련을 통해서 나타나는 능력이며 영재는 그런 능력이 매우 뛰어난 아동으로서 상위 1~20%에 속하는 아동이라고 볼 수 있고, 뛰어난 능력이 나타날 수 있는 분야로는 지적, 창의적, 특수학문적, 사회정서적, 감각 운동적, 기타 분야로 나뉘어질 수 있다. 영재성은 영재성을 보이는 개인의 동기적 특성과 성격 및 환경적 요인이 긍정적으로 작용하여 비체계적으로 또는 체계적인 교육으로 인하여 특정 분야의 지식, 기능 등을 연습, 훈련, 학습함으로써 뛰어난 성취로 나타날 수 있다. 뛰어난 성취는 인간이 가치있게 생각하는 모든 분야에서 나타날 수 있다.

제2절 영재담당교사의 역할

영재교육 담당교사는 자기가 담당하고 있는 영재교육에 대한 전문적인 지식을 갖고 있어야 한다. 영재교사의 전문적인 지식은 학생집단의 역학적 관계에 대한 지식, 강의능력, 수업전략 구사, 탐구학습, 촉진능력 등과 관계있는 지식으로 보고 있다(Maker, 1982). Maker는 영재교육 교사의 자질을 크게 철학적, 개인적, 성격적 영역의 구분하였다(전경원, 2004: 353~355).

1. 철학적 자질

영재교육 담당교사가 갖추어야 할 첫 번째 특성은 철학적 자질이다. 영재교육 교사에게 철학이 중요한 이유는 교사관 즉, 교사의 철학에 따라 교육내용과 교수 방법이 달라지기 때문이다. 교육철학이란 영재교육 프로그램의 목적과 내용, 지도방법은 무엇이며 그리고 왜 그러한 교육이 필요한가에 대한 설명을 말한다. 즉, 교육철학이란 영재교육 프로그램의 개설 이유를 말하며 이는 곧 교육프로그램이 앞으로 나아갈 기본방향에 대한 개념적 진술을 뜻한다.

한편, 교육목표란 교육철학에 입각하여 최종적으로 달성하고자 하는 교육성과이며 교육목적과 이념을 더욱 구체화시킨 진술이다. 만약 교육목표의 항목을 세분화하고 구체적 계획을 수립하게 되면 이는 곧 영재교육 프로그램 운영 계획서가 되는 것이다. 영재교육 프로그램 운영 계획서에 포함되어야 할 기본내용은 영재의 정의,

교육철학, 교육목적 및 목표, 교육대상, 선발방법 및 선발준거, 교육방법 등이다.

교육철학과 교육목표를 수립함에 있어서 중요한 것은 교육의 결과가 궁극적으로 개인의 성장과 발달은 물론 사회와 국가에, 더 나아가서는 인류의 번영과 행복을 추구하는 것이어야 한다.

2. 성격적 특성

영재교육 교사의 성격적 특성은 주로 한 개인이 본래 타고 난 특질들을 말한다. Maker(1982)는 유머 감각, 인내심, 다양한 흥미, 사고의 융통성 등을 성격적 특성으로 보았다. 영재교육 교사들이 공통적으로 주장하는 영재교육 교사의 바람직한 성격적 특성은 감정이입, 관용성, 자아실현, 열의 그리고 신뢰성과 일관성으로 정리된다.

영재교사의 성격적 특성은 융통성, 학문에 대한 열의와 흥미, 유머감각, 학생의 개인적인 문제에 관한 관심, 인내심, 흥미를 유발시켜 주고, 독립적으로 학습을 하도록 격려하는 것 등을 들 수 있다. 이와 같이 융통성 있고, 인내심이 강하고 영재가 능력을 발휘하도록 동기를 유발시켜 주는 개인의 성격적인 특성의 기본적 요소 외에 전문적인 자질을 겸비해야 한다.

3. 전문적 영역

영재교육 교사가 갖추어야 할 또 다른 자질은 전문적 능력이다. Maker에 의하면 교사의 전문가적 자질은 학생집단의 역학적 관계에 대한 기술, 강의 능력, 수업 전략, 탐구학습 촉진 능력, 컴퓨터 지식 등을 말하며 이러한 자질은 현직 연수를 통하여 향상될 수 있는 것들이다. Whitmore(1980)는 전문적 자질을 가진 영재교육 교사의 특성을 다음과 같이 밝히고 있다.

첫째, 학자적인 성격과 생활 자세를 지닌 사람

둘째, 학생으로 하여금 고등사고력을 하도록 격려해 주는 사람

셋째, 흥미를 유발시켜 주고 독립적으로 학습할 수 있도록 격려해주는 사람

넷째, 융통적인 사람

다섯째, 학생의 탐구적인 질문에 대해 즐거워하는 사람

Lavely(1986)는 영재교육 교사의 전문적 자질로서 세 가지로 정리하였다.

첫째, 영재의 학습을 극대화하는 방법에 대한 이해

둘째, 생활지도 및 상담에 대한 이해

셋째, 영재의 심리적 특성에 대한 이해와 프로정신을 지닌 영재담당교사

이 밖에도 영재교육 교사의 전문적인 특성으로 다음과 같은 것이 있다.

① 영재판별 방법에 관한 지식

② 영재의 본질과 욕구에 관한 지식

③ 개별학습 계획 수립시 영재판별 자료의 이용에 관한 지식

④ 영재를 위한 교육과정 모형에 관한 지식

⑤ 학생집단의 역학적 관계의 이용에 관한 지식

⑥ 영재를 위한 각종 프로그램에 관한 지식

⑦ 교사 자신의 자질 함양과 효율적 수업에 대한 관심과 열의

⑧ 영재교육 관련 법령의 이해

⑨ 영재학생 및 학부모의 상담 능력

⑩ 영재교육의 최근 동향과 추이에 관한 이해

영재교사의 전문적인 자질에 있어서 지적인 능력과 창의적인 능력 등 다양한 특성들이 요구된다. Newland(1976)는 영재를 담당할 교사의 지적인 능력은 다음과 같은 세 가지 이유로 학생의 교육적인 수준에 적합해야 한다.

첫째, 지적인 내용의 근간이 되는 어떠한 대화에도 교사와 아동 간에 차이가 있으면 안 된다.

둘째, 교사는 아동이 사용하는 어휘와 개념을 이해할 줄 알아야 하고, 아동 수준에 맞는 어휘와 개념을 파악해야 한다.

셋째, 영재를 담당할 교사는 고등수준의 개념화를 포함하는 행동으로부터 아동의 발전을 가져다 줄 수 있는 심리적인 통찰력과 지적인 유능함을 갖추어야 한다.

교사의 가장 기본적인 자질은 지적인 면에서 최소한 보통 이상의 능력을 갖춘 자로서, 영재의 고차원적인 정신적 사고활동을 이해할 수 있고, 학생으로 하여금 그렇게 사고하도록 유도할 수 있는 능력이 있어야 한다. 영재의 복잡하고 발달된 사고의 흐름을 이해하지 못하면, 영재의 학습에 저해가 된다. 또한 창의력이 탁월한 영재를 지도하기 위해서는 교사 자신도 창의력이 뛰어나야 한다. 영재의 창의성을 계발하도록 학습자료나 교재선택을 해야 하고, 문제를 해결하는 데 있어서 창의적으로 접근할 수 있도록 영재를 지도할 수 있는 능력이 있어야 한다.

이런 성격들이 일반아를 지도하는 교사에게도 필요한 요소들로서 모든 교사들이 이런 특성과 자질을 갖추고 있으면 학습은 더 효과적으로 진행될 것이다. 그러나 영재를 담당하는 교사들은 적어도 그들의 학생보다는 창의성, 지적 능력이 우월해야 하고, 과제를 수행할 수 있는 능력 면에서도 앞서야 할 것이다.

영재를 지도하고 가르친다는 것이 항상 쉬운 일만은 아니다. 실제로 영재를 지도하는 선생님은 다른 특수아동을 지도하는 선생님보다 오히려 더 힘든 일이 많고, 노력과 기술, 에너지를 더 필요로 한다고 했다. 때로는 영재 담당교사는 다른 교사와 갈등이 있다. 영재를 지도하는 교사와 일반아동을 지도하는 교사간에 심리적인 갈등이 생기거나 실제적으로도 교육적인 문제가 유발되기도 한다.

일반학생들이 영재들에 대한 부정적인 태도나 그릇된 선입견을 갖고 있어, 혹독한 비평을 하는 사례가 빈번한 것처럼, 영재담당교사도 일반교사로부터 난처한 경우에 처할 수 있다. 일반교사로 재직할 때 친했던 동료교사를 잃거나 따돌림을 당하는 경우도 발생하게 된다. 영재아 담당 교사는 이런 심리적 어려움을 잘 극복하고, 지적, 창의적인 능력을 겸비해야 한다. 특히 영재담당교사는 영재의 특성과 관심분야 등을 잘 관찰, 측정할 수 있어야하고, 부모님과 다른 특수교사와도 긴밀한 관계를 유지하며, 영재의 욕구를 충족시킬 수 있도록 도와줄 수 있는 사람이어야 한다.

그러므로 영재와 그들을 담당하는 교사는 각각의 성격과 능력에 맞게 잘 짝지어져야 한다. 영재담당교사는 장애영재, 미성취영재, 여자영재들과 같은 소외된 영재의 특성과 욕구도 잘 파악하여 그들의 욕구를 충족시켜 줄 수 있어야 한다. 무엇보다도 영재아동들을 지도하고 있는 교사는 항상 지적인 성실성에 충실해야 하고, 어떤 성과나 업적에만 관심을 가져서는 안 된다.

모든 인간은 그들의 성취 능력에 있어서 각기 차이가 있으므로 학생들은 그들의 능력을 최대한으로 성취 · 발취하도록 촉진되어야 한다. Renzulli는 모든 교사가 이런 특징들을 보일 것을 주장했다. 교사들은 그들 학생의 창의력, 지적능력, 에너지 그리고 일을 수행하는 능력들을 능가해야 한다. 따라서 영재아동의 교사는 이러한 많은 특징의 수준을 보다 능가해야 한다.

최근 미국에서는 정규학급에서 영재들을 가르치는 데 가장 강조하고 있는 점은 모든 교사에게 영재에 대한 정확한 정보를 제공하고 교육하는 것이다. 영재교육 초기에는 능력이 뛰어난 교사들이 영재교육을 담당하도록 했고, 아직도 사립학교에서는 뛰어난 교사들을 채용하기 위해 노력한다. 그러나 공립학교의 경우 정규학급에서 교사들이 영재들을 담당해야하므로 교사교육이 더욱 절실해지고 있다.

제3절 영재부모의 역할

성공한 사람의 대부분이 주변 환경의 영향을 받았듯이 영재아는 태아 때부터 부모로부터 많은 영향을 받는다. 영재아가 타고난 재능을 발휘하기 위해서는 자신의 부단한 노력은 물론이고 부모의 헌신적인 노력도 요구된다. 영재아가 어떤 재능을 타고났다고 해서 그 재능이 저절로 발달되는 것은 아니다. 타고난 재능보다 더 중요한 것은 장기간에 걸쳐 주변 인물들로부터 격려와 교육이 투입되어야 한다. 따라서 영재 부모들은 영재의 특성을 누구보다 잘 알고 있어야 하고, 이들의 특별한 요구와 능력에 교육적으로 적절하게 대응을 해야 한다.

1. 교육지도

교육문제와 관련하여 영재부모의 역할은 매우 중요하다. 영재아 특성중의 하나는 과제에 대한 집착력이다. 이들은 의문나는 문제에 대해서는 끊임없이 질문을 한다. Romey(1985)는 문제중심의 영재교육을 주장하면서 연재의 모든 질문에 대하여 부모가 백과사전적으로 정보를 제공하는 것은 옳지 않다고 보았다. 영재부모의 바람직한 태도는 자녀 스스로 의문에 대한 해답을 찾아보려고 애쓰는 과정을 통하여 스스로 알아낼 수 있도록 지도하는 것이다. 즉 문제해결의 주체자는 영재아동이므로 스스로 문제를 해결할 수 있도록 해야 한다.

이때 부모는 자녀와 함께 공동으로 문제해결을 탐구해 나가는 태도가 바람직하다. 아동의 질문에 대한 태도는 모든 학습 활동이 아동 중심으로 이루어져야 한다. 아동의 질문에 대한 태도는 모든 학습활동이 아동 중심으로 이루어져야 한다는 것과도 관련 있다(Romey, 1985). 특히 취학 전의 유아의 경우 그가 아무리 학습의욕이 강하고 영재라고 하더라도 특정 학습활동을 강요해서는 안 된다. 하루에 얼마동안 규칙적으로 학습해야 한다는 등의 강요는 자녀의 탐구심과 학습의욕을 상실케하기 쉽다(Romey, 1985). 부모의 강요는 자녀를 비생산적이고 불행한 개인으로 만드는 반면, 격려는 아무리 많이 해도 지나치지 않다는 것이다(Ginsberg, 1980).

부모가 자녀의 성취에 대하여 갖는 기대와 자녀의 성취 수준에 관한 연구들에 의하면, 부모가 자녀의 성취에 대해 갖는 기대가 높을수록 성적은 더욱 좋다고 한다. Natterson은 학부모의 학업성취수준에 따른 연구 결과 부모의 학업성취에 대한 기대정도가 자녀의 학업성취의 수준에 영향을 미친다고 밝혔다.

Delp(1980)은 자녀가 문제를 해결해 나가거나 과제를 수행하는 과정에서 영재 자녀에게 좀 더 나은 결과를 기대하여 지나치게 간섭하거나 도와주어서는 안 된다고 지적하였다. 간섭이나 선의의 도움이 자녀의 자신감, 독립감, 성취동기의 계발을 방해할 수도 있으므로 자녀가 먼저 도움을 청해 올 때 까지 혼자 해내도록 지켜봐야 한다는 것이다(Delp, 1980; Romey, 1985). 자녀의 과제수행을 지나치게 간섭하거나 돕는 부모들은 자녀의 독립심이나 자신감 신장을 저해하는 결과를 초래한다고 볼 수 있다(Davis & Rimm, 1985).

결국 어떤 과제를 스스로 착수하고 마무리 지으려는 학습동기를 불러일으키기 보다는 이를 매장시켜 버릴 가능성이 있다는 것이다. 완벽주의적 성향을 지닌 영재 자녀를 둔 부모들은 특히 자녀가 자신의 능력을 지나치게 벗어나는 과제를 시작하려 하거나 너무 완벽하게 하려할 때는 자신의 능력을 현실적으로 판단할 수 있도록 도와주어야 한다. 또 부모의 기대와 격려는 매우 중요하지만, 지나치게 기대함으로써 좌절을 느끼는 일이 없도록 해야 한다.

2. 놀이지도

놀이는 신체적 · 사회적 · 지적인 영역에서 기초 기술을 발달시키고 숙련시키는데 필요하다(Alvino, 1985). 놀이는 변형과 언어를 사용한 의사소통의 과정을 통하여 지적발달과 관련되어 있다고 본다. 이때 변형이라는 것은 자신을 사물, 사람 또는 상황으로 변형시킬 수 있는 지적능력을 말한다. Alvino(1985)가 유치원 아동들을 대상으로 한 연구에서 아동의 놀이에서의 활발한 정도와 창의적 사고능력 간에 의미 있는 상관관계가 있음을 확인하였다.

Alvino는 영재아동의 놀이지도를 통해 얻을 수 있는 효과를 다음과 같이 제시하였다.

첫째, 아동이 놀이하는 것을 지켜보며 그들의 흥미와 관심분야를 파악한다. 아동들로 하여금 놀이에 관하여 이야기 하게 한다. 부모가 자녀의 놀이에 대해 관심을 갖고 있었음을 알려준다.

둘째, 부모가 스스로 놀이를 즐김으로써 자녀가 부모를 모방할 수 있는 기회를 제공한다. 또한 놀이를 격려하는 질문을 한다.

셋째, 자녀와 같이 놀이하면서 적절한 놀이감을 선택할 수 있도록 도와주고 역할놀이나 특정의 놀이자료를 사용하도록 한다.

넷째, 자녀의 놀이에 관한 계획을 세우고 놀이를 위한 장소와 자료를 정리할 장소를 마련한다.

이처럼 놀이지도를 통해 영재아동의 신체적, 사회적, 지적인 영역의 발달과 숙련뿐만 아니라 아동의 흥미와 관심을 파악할 수 있다.

3. 생활지도

가정에 있어서 영재아의 지도는 자녀의 정서적 안정과 독립심 신장에 초점을 두고 이루어져야 한다. 정서적 안정은 누구에게라도 필요한 기본적인 요소로서, 영재를 길러내는 가정은 무엇보다도 따뜻하고 이해심 있는 분위기여야 한다. 자녀들은 가정적인 문제, 흔히 어른들의 문제를 이성적으로는 이해하고 이해도, 실생활 경험에서 조절되지 않는 왕성한 상상력과 비상한 지식 때문에 또래들보다 더 많은 고통을 받을 수 있다.

Whitmore(1979)는 영재아의 독립심을 기르는 4가지 전략을 제시하였다. ① 자녀와 대화을 갖도록 한다. ② 자녀로 하여금 자신의 문제 행동에 대하여 스스로 이해할 수 있게 한다. ③ 가족회의를 통하여 비판 및 자기반성의 기회를 갖도록 한다. ④ 자기 관리 기능을 계발하도록 유도한다.

한편, Moore(1982)는 부모가 자녀의 생활지도를 위해 사용할 수 있는 방법으로서 긍정적 대안 선택법(the modified positive alternative selection method)을 제안하였다. 즉, 자녀가 불합리한 요구를 할 때, 부모는 자녀가 요구하는 것보다 더 바람직한 대안을 제시하고 둘 중에서 더 바람직한 한 가지를 선택하도록 유도하는 것이다. 이러한 방법은 일시적으로 자녀의 욕구를 충족시켜 더 이상 떼를 쓰지 못하도록 할 수는 있으나 자녀 훈육의 계속적인 효과를 기대하기는 어려울 수도 있다. 이러한 일시적 효과만을 노리는 방법보다는 어떤 형태이든지 아동 스스로가 자신의 행동의 원인과 그것이 가져올 수 있는 영향 등을 이해하도록 하는 것이 모든 바람직한 행동에 우선되어야 할 것이다.

영재자녀들의 성취수준이 갑자기 저하되었을 때, 부모들 중에는 자녀의 실력 저하가 자신들의 체면이나 명예에 손상을 끼친다고 생각하는 경우가 있다(Ginsberg, 1980). 영재 자녀와의 관계에서 부모들이 가져야 할 바람직한 행동양식은 파괴적인 비판보다 칭찬하고 격려하는 것이다. 영재들이 부담이 큰 과제를 시도하다 실패할 때 단지 그 시도했다는 사실만으로도 영재들은 칭찬받을만한 가치가 충분히 있다는 것이다.

요컨대, 영재 자녀에 대한 생활지도는 자녀에 대한 무한한 애정과 부모 자녀간의 대화를 통한 이해를 바탕으로 하는 것이 가장 바람직하다. 또한 자녀에게서 독립심을 요구하는 만큼 부모도 자녀의 독립적인 위치를 유지하는 것이 필요하다고 본다.

4. 창의성 지도

문종화, 하종덕(1999)은 자녀를 창의적으로 키우기 위해 부모가 수행해야 할 역할은 다음과 같다.

첫째, 지능이 높다고 당연히 창의력 또한 높다고 여기거나 반대로 지능이 낮다고 창의력이 당연히 낮을 것으로 생각하는 것은 바람직하지 않다. 지능과 창의력은 비교적 독립적인 개념으로 이해할 필요가 있다. 단, 지능이 높은 집단일수록 창의력은 낮은 수치부터 높은 수치까지의 범위로 넓게 퍼진 반면, 지능이 낮은 집단일수록 창의력 수치의 범위는 좁다.

둘째, 자유롭게 행동할 수 있는 분위기를 만들어 준다. 창의적이지 못한 아동들의 부모들은 창의적인 아동의 부모들에 비하여 자녀의 행동을 제한하기 위한 규칙들을 더 많이 갖고 있다. 자녀들에게 여러 가지 규칙들을 세워 놓고 그 틀 안에서 행동하도록 강요하는 것은 그들을 자유로운 사고의 세계에서 활동하지 못하도록 묶어 놓는 셈이다.

셋째, 자녀의 실수를 인정한다. 자녀가 왕성한 호기심과 탐구심으로 인해 실수를 했을 때 이를 즐거운 마음을 받아들여 주어야 한다. 아동들은 실수를 통해서 무엇인가를 배우고 그 실수가 계기가 되어 새로운 것을 만들어 낼 수 있는 창의력도 향상된다. 부모의 꾸중이 두려워 호기심의 발휘를 억제해야 하는 분위기에서는 자녀의 탐구심은 메마를 수 밖에 없으며 높은 창의력은 기대할 수 없다. 언제나 호기심을 시험으로 옮길 수 있는 분위기 속에서 창의력은 향상된다.

넷째, 웃음이 가득한 분위기를 만들어 준다. 웃음이란 사람들의 마음과 두뇌의 긴장을 풀어주고 창의력을 높여준다. 창의적인 가족일수록 유머가 풍부하며 웃음이 있는 곳에서 창의적인 생각이 나온다.

다섯째, 혼자서 생각할 수 있는 분위기를 만들어 준다. 아동이 어떤 일에 열중하고 있을 때는 방해하지 말아야 한다. 일반적으로 누구나 자신이 재미있어 하는 일에는 집중하는 시간이 길어지며, 집중해서 일하는 동안 새로운 발견을 할 수 있다. 아동에게도 혼자만 보낼 수 있는 시간과 장소를 마련해 주지 않으면 창의적인 활동이 활발히 진행될 수 없다.

여섯째, 식탁에서 토론하는 시간을 마련한다. 식탁에서의 교육은 자녀들이 성장해서도 잊지 못하는 산교육의 장이다. 온 가족이 단란하게 모일 수 있는 이 시간을 이용하여 자녀들로 하여금 생각할 수 있는 기회를 마련해 주고 새로운 아이디어가 떠오를 수 있는 질문을 해본다. 그날의 뉴스나 사회문제를 자녀가 이해할 수 있는 주순에서 질문하여 의견을 말하면서 표현능력을 기를 수 있는 시간으로 활용할 수 있다.

일곱째, 자녀의 창의성 성장을 방해하는 말이나 행동을 삼간다. 아동들은 종종 이상한 질문을 하고 기이한 행동을 한다. 또한 기발한 아이디어를 내놓기도 한다. 그때에 어른들은 어떻게 대처해야 하는지를 생각해 본다.

여덟째, 부모는 창의적인 행동의 모델이 된다. 아동은 많은 행동을 부모나 형제, 또래친구 등의 행동을 보고 그대로 모방하면서 습득한다. 나이가 어릴수록 흡수력이 강력하다. 부모가 고리타분한 사고방식을 갖고 융통성 없이 생활하는지, 아니면 매사 새롭게 생각하고 창의적으로 살아가는 모습을 보이는지는 자라나는 아동들에게서 그대로 비쳐진다. 따라서 자녀가 창의적으로 자라기를 바란다면 먼저 부모가 창의적인 행동으로 모범을 보여주어야 한다.

아홉째, 풍부한 경험을 많이 하게 한다. 자연을 통한 경험은 보다 풍부한 탐구력과 창의력을 키우는 산교육이다. 자녀를 데리고 다양한 장소를 방문하여 경험하게 해야 한다.

제4절 영재교육의 방향과 과제

미래사회는 창의력 위주의 사회며 아울러 인터넷과 같은 통신망의 발전으로 새로운 유형의 영재들이 탄생할 것이다. 즉, 대인관계 영재, 갈등조정 영재, 평화 영재 등과 같은 새천년의 문제와 관련된 영재들이 탄생할 것이다. 이들에게는 도덕교육과 함께 가치의 명료화 등과 같은 인간 중심의 교육들이 중시되어야 한다.

1. 영재교육의 방안

그동안 영재교육에 대한 논란은 다양하게 이루어져 왔다. 영재교육이 대중들로 하여금 올바른 인식을 하게하고, 지속할 수 있는 방안에 대해 전경원(2004)은 다음과 같이 밝히고 있다.

첫째, 학문영재 및 예술영재에만 국한된 소수의 영역에서의 영재교육에서 다양한 영재유형을 고려하여 모든 사람이 자신의 특수한 재능에 맞는 영재교육을 실시하여 '영재교육의 대중화'를 꾀하는 것이다. 그렇게 된다면 누구든지 한 분야에서는 영재교육을 받기 때문에, 소수의 영재들에게만 특혜가 주어진다는 불만을 사라질 것이고, 그 동안 소외되었던 다수의 일반 부모와 학생들로부터의 원성이 사라질 것이다.

둘째, 영재교육의 대중화를 꾀하려면 학문영재 이외의 다양한 영재/재능에 대한 사회 · 문화적인 가치를 부여해야 한다. 영재교육의 대중화를 하려해도 많은 부모들이 사회적으로 가치를 두고 있는 몇몇 분야만으로 몰린다면 현실적으로 영재교육의 대중화는 어려울 것이다. 따라서 학문영재도 특수한 재능 중 한 가지로 받아들여져야 하고, 사회적으로 큰 가치를 두지 않았던 분야들에서도 창의성을 발휘하면 전문가로서 인정받을 수 있는 풍토가 조성돼야 한다.

셋째, 다양한 분야의 영재교육을 실시하는 과정에서 한국인의 정서를 고려한다면, 과감한 방법의 영재교육보다는 서서히 변화를 줄 수 있는 정규학교에서의 영재교육이 더 적합하다고 본다. 예컨대, 속진제보다는 심화학습 위주로, 특수학교보다는 일반 정규학급에서 영재교육을 할 수 있는 방법을 모색해야 한다. 이러한 형태의 교육과정과 프로그램이 정착된 다음에 특수학교나 속진제와 같은 영재교육이 시도되어야 한다. 한국인의 성급한 성격으로 속진제나 월반

제와 같은 프로그램은 오히려 영재교육의 착근을 더욱 어렵게 만들고 더 많은 시행착오를 겪을 수도 있다.

넷째, 영재교육에 대한 방안이 실효를 거두려면 영재교육에 대한 기본 인식의 전환이 필요하다. 영재교육을 찬성하는 사람도 있고, 반대하는 사람도 있지만 새로운 시대에서는 능력에 따른 교육의 기회균등이라는 입장과 이에 따른 사회적 이동을 배제할 수는 없다. 영재교육의 교육기회평등 측면에서의 정당화에 대한 관심과 노력이 매우 미약했기 때문에 영재교육을 반대하는 사람이 많았다는 것이다. 따라서 영재교육의 필요성을 좀 더 정당화할 수 있는 연구가 진행되어야 한다.

2. 영재교육의 과제

영재교육의 발전을 위해서는 제도적인 차원뿐만 아니라 다양한 차원에서 영재교육을 위한 방안이 모색되어야 할 것이다.

첫째, 영재교육 전문가 육성이 이루어져야 한다. 한국에는 전문 인력이 절대 다수 부족하므로, 영재교육을 범국가적으로 실시하기 위해서는 이 방면의 많은 전문가가 필요하다. 영재아를 지도할 교사들을 훈련지도 해야 하고, 그밖에 연구도 체계적으로 수행하고, 부모를 위한 교육이나 워크샵 등이 활발하게 진행되기 위해서는 전문 인력이 대다수 필요하다.

둘째, 영재교육을 위한 다양한 프로그램 개발이 요청된다. 영재교육 프로그램이 지나치게 과학영재교육에 편중되어 있어 다른 분야에서의 영재교육이 되지 않고 있으므로, 균형적인 영재교육이 필요하다. 영재교육을 위하여 잠재력이 있는 미래의 수학자, 공학자, 과학자를 위한 교육뿐만 아니라 예술과 사회과학 분야에서도 능력이 있는 학생을 위한 프로그램에 대한 교육적 배려가 있어야한다.

21세기에는 사회의 다양한 영역에서 영재의 개념이 적용될 것이다. 그러므로 개인이 이 세상에서 제일 좋아하는 일을 직업으로 삼기 위해 조기부터 진로교육과 진로상담을 함께 실시해야 한다. 다양한 인적자원과 물적자원을 총 동원하여 영재교육 프로그램을 개발하도록 한다. 향후 영재교육 프로그램은 다양한 재능들을 위한 다양한 영재/재능교육 프로그램들이 활성화되어야 한다.

셋째, 학교현장과 연계성을 고려해야 한다. 영재교육은 고등학교나 대학교 수준뿐 아니라 유아들과 초 · 중학생들에게도 영재교육을 실시하여야 한다. 유치원부터 초 · 중 · 고 · 대학생에 이르기까지 영재교육의 연계성을 고려해야 한다. 영재교육이 본격적인 궤도에 오르기 위해서는 영재성을 조기에 발견하여 조기교육을 실시하는 것이 효과적이며 효율적이다. 영재교육은 유치원부터 시도하되 상급학교와의 연계성을 고려해야 한다.

넷째, 영재교육을 위한 체계적인 교사훈련이 실시되어야 한다. 학교에서 영재교육이 실시되려면 우선 교사훈련이 체계적으로 실시돼야 한다. 영재교육의 성패는 교사에게 달려있다. 그러나 대부분의 영재교육을 위한 교사교육은 사회교육원이나 평생교육원에서 부모들을 위한 내용으로 구성되어 있고, 일선 학교 교사들을 위한 현직 교사 연수는 일회성으로 끝나는 성격을 띠고 있어서 체계적으로 교육이 이루어지지 않고 있다. 교사 훈련만 잘 이루어지면 영재들을 위한 교육이 정규학급에서도 이루어질 수 있다는 신념을 갖고 교사교육에 노력해야 할 것이다.

다섯째, 영재부모들이 교육에 동참해야 한다. 영재부모들은 자녀들의 교육을 위해 적극적으로 활동을 펼쳐야 한다. 영재아 부모 협의회를 조직하여 제대로 영재교육을 할 수 있도록 해야 한다. 영재교육에 있어서 부모교육은 매우 중요한 요인이다.

참 / 고 / 문 / 헌

김정후, 주영숙, 문정화, 문태형(2004). 영재학생을 위한 교육. 서울: 박학사.

전경원(2004). 새로운 영재재능교육의 이론과 실제. 서울: 학문사.

송용대(1990). 영재교육이란 무엇인가. 서울: 교보문고.

김재은(1993). 창의적인 인물들: 성격. 심리, 발달. 서울: 창지사.

김정휘(2001). 영재성 발달에 영향을 끼치는 가족의 역할. 서울: 교육과학사.

김형태(2002). 21세기 자녀교육. 한남대학교 출판부.

전경원(1996). 학대받는 영재아들. 서울: 창지사.

박성익, 조석희, 김홍원, 이지현, 윤여홍, 진석언, 한기순(2003). 영재교육원론. 서울: 교육과학사.

조석희, 박성익, 정태희(2001). 영재교육 실천 방안, 연구보고서 CR 2001~35. 서울: 한국교육개발원.

Bloom, B.(1985). *Developing talent in young*. NY: Ballentine Books.

Gagné, F.(2000). Understanding the complex choreography of talent development through DMGT-based analysis. In K. A. Hello, F. J. Monks, A J. Sternberg, & R. F. Subotnik (Eds.), *International handbook of giftedness and talent*. New York: Pergamon.

Gardner, H.(1983). *Frames of Mind:* The theory of multiple intelligences. New York: Basic Books.

Mckinnon, D. W.(1978). *In search of human effectiveness*. New York: Creative Education Foundation.

Renzulli, J.(1978). "What makes giftedness?: Reexamining a definition" Phi Delta Kappan, 180~184.

Renzulli, J.(2003). Conceptions of giftedness and its relationship to the development of Social capital. In N. Colangelo and G. Davis (Eds.), *Handbook of gifted education*(3rd edition), New York: Allyn and Baron.

Sternberg, A.(1985). *Beyond IQ: A Triarchic theory of human intelligence.* New York: Cambridge University Press.

Sternberg, A.(1993), A pentagonal implicit theory of giftedness. In F.D. Horowitz & A Friedman(Eds.), Developmental approaches to identifying exceptional abilities. Proceedings of the 1992 Esther Katz Rosen Symposium. Washington DC: American. Psychological Association.

Tannenbaum, A. J.(2003). Nature and nurture of giftedness. In N. Colangelo and G. Davis (Eds.), *Handbook of gifted education* (3rd Edition), New York: Allyn and Bacon.

Walters, J. & Gardner, H.(1986). The crystallizing experience: Discovering an intellectual gift. In. R. J. Sternberg & J. E. Davidson (Eds.), *Conceptions of giftedness.* New York: Cambridge University Press.

Ziegler, A. & Heller, K.(2000). Conceptions of giftedness from a meta-theoretical perspective. In K. Heller, F. Monks, R. Sternberg, & R. Subotnik (Eds.), *International Handbook of Giftedness and Talent*, New York: Pergamon.

제 9 장

영재아의 심리세계와 리더십

제1절 영재아의 심리세계

제2절 영재아의 리더십

제3절 영재아의 진로지도

제4절 영재아의 중독

제9장
영재아의 심리세계와 리더십

제9장
영재아의 심리세계와 리더십

제1절 영재아의 심리세계

1. 영재아의 불안과 방어기제

1) 불안

불안은 좋지 않은 어떤 일이 일어날 것 같은 예감에 대한 자아의 반응이다. 미래를 생각할 줄 아는 인간은 누구나 어느 정도는 불안하기 때문에 불안을 인간 존재의 필연적인 조건이다(Corey, 2005). 불안에는 세 가지 유형이 있는데, 가장 기본적인 것은 현실불안이다. 이는 실제 존재하는 위협이나 위험으로부터 발생한다. 교통이 혼잡하여 사고가 날 것 같다거나, 고삐 풀린 동물의 공격을 눈앞에 두고 있다거나 시험성적이 좋지 않을 것 같을 때 경험하게 된다.

두 번째는 신경증적 불안이다. 식욕이나 성욕 등 원초아적 충동들이 통제를 벗어나 처벌받아 마땅한 어떤 일을 저지를 지도 모른다는 무의식적인 두려움이다. 이 아동들은 원초아의 충동들이 표현됨으로 인해 초래될 처벌을 두려워한다. 우발적으로 부모의 마음에 들지 않는 행동을 하거나 충동적인 행동으로 인해 처벌받게 될까봐 두려워하는 심정은 신경증적 불안이다.

불안의 세 번째 유형은 도덕적 불안이다. 자신의 도덕률을 어길 때 스스로 느끼는 불안이다. 거짓말을 하면 안 된다고 생각하는 자녀는 거짓말을 할 때 남이 알아차리지 않아도 불안을 느낀다. 남을 헐뜯는 것은 좋지 않은 일이라고 배운 자녀는 남을 헐 뜯을 때 불안을 느낀다.

2) 방어기제

방어기제는 자존심이 흔들리는 불안한 상황에서 현실을 왜곡시켜 설명하고 행동함으로써 체면을 유지하는 방법이다. 방어기제는 불안에 대처하기 위한 생존수단이어서 어느 정도는 필요한 것이다. 그러나 방어기제가 강해지면, 자신과 타인에게 진실하지 못하게 된다. 그래서 남들의 호감을 얻어내기 어려우며, 속을 알 수 없다는 평가를 받기도 하고, 부정직하다는 인상을 주거나 남들에게 관심을 전혀 주지 않는다는 평가를 받는다. 점차 대인관계에서 고립되어 스스로 외로운 처지에 놓이게 된다.

자녀가 적절한 정도의 방어기제를 갖도록 하기 위한 최선의 방책은 과도한 방어기제가 필요 없을 정도 안전한 환경 속에서 어린 시절을 보낼 수 있도록 해 주는 것이 중요하다. 자녀의 방어기제가 과도하다고 느낄 때 직접적으로 지적하거나 처벌하기 보다는 불안의 원인을 이해하여 제거해 주는 것이 바람직하다. 자녀의 이해를 구하고, 환경을 개선하고, 지속적으로 애정을 표현하는 등 불안을 덜 느끼는 안전한 환경을 마련해 주는 것이 좋다.

아동들이 자주 사용하는 방어기제

• 억압

원초아의 충동이 밖으로 표현될까봐 누르는 것이다. 수업시간에 친구와 장난치고 싶은 충동, 얄미운 동생을 괴롭히고 싶은 충동 등이 표현되지 않도록 참는 것을 상상하면 된다. 도덕적 불안을 일으키는 생각이나 행동들, 자신을 힘들었던 기억들을 떠올리는 것이 괴롭기 때문에 생각하지 않으려고 억압한다.

• 부정

위협적인 현실에 압도되었을 때, 그 사건이 일어났다는 사실 자체를 받아들이지 않는 것이다. 몇 년 전 초등학생이 1개월 이상을 엄마의 주검과 함께 태연하게 지냈다는 뉴스가 보도되었는데, 이는 전형적인 부정의 한 예라고 볼 수 있다. 부모에 의해 신체적인 심한 손상을 입을 정도의 학대를 당하면서도 아무렇지도 않은 듯 지내는 아동도 자신의 이런 예에 해당한다.

• 투사

스스로 받아들이기 어려운 충동, 바람 또는 특성들을 다른 누군가에게 돌리면서 불안을 감소시키는 것이다. 스스로를 용서하기 어려운 상황에 직면했을 때, 자신에게 화가 나지만 방향을 바꾸어서 남들을 향해 공격한다. 자꾸 남을 헐뜯고 공격하는 자녀의 행동 속에는 스스로에 대한 깊은 미움이 자리 잡고 있을 가능성이 많다.

• 합리화

실제로는 스스로 용납하기 어려운 이유로 행해진 행동에 대하여 변명을 찾음으로써 불안을 줄이는 방어기제이다. 시험 성적이 잘 나오지 않았을 때, 이번에 몸이 안 좋아서 시험 준비를 제대로 하지 못했다거나 자신이 공부하지 않은 부분에서만 시험문제가 출제되었다고 할 수도 있다.

• 퇴행

자녀의 스트레스가 심해져서 스트레스가 자녀로 하여금 스트레스를 감당하지 않아도 되는 어린 나이의 동생과 같은 행동을 하게 하는 경우이다. 퇴행은 발달의 어떤 시점에서도 일어날 수 있다. 어린 시절에서 성장하지 않으려고 의녀로그 단계에 머무르려고 의는 고착증세를 보인다. 고착이 강할수록 스트레스 의에서 그 단계를 특징짓는 행동으로 퇴행할 가능성이 높다.

• 전위

충동을 하나의 대상에서 다른 대상으로 이동하는 것이다. 충동의 대상에게 직접 행동하는 것이 위협적일 때, 보다 편안한 대상을 찾아 충동을 해소하는 것이다. 부모에게 혼이 난 자녀는 부모를 직접 공격하지 못하고 동생이나 힘이 약한 동년배를 공격한다. 부모에게 직접 대항하지 못하니까 대상을 바꿔서 감정을 표현하는 것이다. 여러 아동들의 전위 대상이 또래로 바뀌고, 동일한 또래에 여러 친구들이 전위하여 충동을 해소하려고 하면 집단 따돌림이나 괴롭힘 현상이 나타나기도 한다. 자녀가 성숙한 대인관계를 맺도록 하기 위해서는 부모나 교사 등 권위 있는 인물들에게 자신의 마음을 솔직하게 이야기할 수 있는 기회를 많이 주는 것이 필요하다.

• 동일시

선망의 대상이 되는 인물이나 대상을 자신과 가깝다고 여김으로서 그 사람이나 대상의 위치를 나누어 가지려는 욕구이다. 남들의 선망을 받는 유명한 또래를 사귐으로써 자신도 그 친구만큼 인기 있고 영향력 있다고 생각하려는 것이 이에 해당한다. 다른 방어기제들도 그렇지만 동일시는 아버지에 대한 외디퍼스 콤플렉스를 극복하도록 하는데 도움이 되므로 어느 정도는 필요하다. 유아는 아버지와 동일시함으로써 그 힘과 권력을 가진 아버지가 자신이라고 생각함으로써 거세 불안에서 벗어나게 되는 것이다.

2. 영재아의 열등감

1) 인간의 조건으로서의 열등감

아들러(Adler, 1964)는 인간이면 누구나 열등감을 가지고 있다고 주장한다. 열등감은 인간이 되기 위한 필수조건인데, 그것은 인간이 못났기 때문이 아니라 현재보다 나은 상태인 완전성을 실현하고

자 하는 존재이기 때문이다. 현재보다 나은 미래를 추구하므로 보다 나은 상태가 되는 미래에 비하면 현재는 열등한 상태인 것이다.

영재아들은 현실적으로 남보다 어떤 면에서 탁월한 재능을 이미 발휘하고 있음에도 불구하고 열등감을 호소하는 경우가 많다. '부족해서 죄송해요.' '더 노력할께요.' '성적 떨어져서 죄송합니다.' '영재반 수업을 따라갈 수 없어요.'라고 호소하는 영재아들이 많다. 이들의 말을 액면 그대로 받아들이면 안 된다. 이들의 호소 속에는 자신이 못났다는 좌절보다는 더 잘하고 싶다는 의지, 즉 현재보다 나은 미래를 만들고 싶다는 강력한 동기가 숨어있는 것이다. 이러한 말을 잘 들어주고, 함께 있어주고, 지속적인 신뢰를 보여줄 때 영재아들은 강한 동기를 유지하여 수월성을 발휘할 수 있게 될 것이다.

2) 열등감 극복의 과정

아들러가 보기에 인생은 열등감 극복의 과정이다. 열등감이 있느냐 없느냐는 그에게 문제가 되지 않았다. 누구나 열등감을 가지고 있기 때문이다. 그에게 중요한 것은 각자가 열등감에 대응하는 방식이다. 어떤 사람은 현재를 극복하고 보다 나은 성장을 추구하는 과정에서 남을 짓밟기도 하고, 어떤 사람은 무기력하게 나자빠지기도하며, 어떤 사람은 남에게 기대서 공짜로 얻어먹으려 하고, 어떤 사람은 스스로 치열하게 도전하면서도 남에게 해를 미치지 않고 오히려 배려하는 미덕까지 보인다. 아들러는 이러한 것을 성격이라고 보았다. 성격 중 지배형, 기생형, 회피형이 아닌 사회적 유용형의 성격을 지니도록 자녀를 양육하려는 노력이 필요하다(노안영, 강영신, 2003).

• 사회적 유용형

주변 사람들을 배려하면서 적극적으로 활동하는 성격이다. 자신의 목표를 추구하되 그 과정에서 타인의 요구도 함께 충족시키기 위해 노력한다. 부모가 어린 시절부터 자녀를 존중하고 확고한 리더십을 보이며, 충분한 설명을 곁들인 통제를 적절히 제공할 때 사회적 유용형의 성격이 형성된다.

• 지배형

상대방을 지배하려고 하며 상대방에게 복종을 요구하는 성격을 말한다. 부모가 독재적으로 자녀를 양육하면 자녀가 지배형이 될 가능성이 높다. 가부장적인 아버지 밑에서 자라거나 부모가 막무가내로 힘을 통해 자녀를 지배하고 통제할 때 자녀는 지배형의 생활양식을 가지게 된다.

• 기생형

스스로 자신의 일을 결정하거나 처리하지 못하고 남에게 의존하는 유형이다. 부모의 배경이나 경제적인 능력을 믿고 자신은 생산적인 일을 하지 않으려는 자녀가 기생형의 자녀이다. 부모가 자녀를 지나치게 과잉보호하면 자녀는 남에게 기대는 행동을 습관화한다. 부모가 자녀를 과잉보호하는 핵심적인 이유는 자녀 스스로는 해내지 못할 거라는 불신 때문이다. 부모로부터 불신을 받는 자녀에게 의존성이 길러지는 것은 당연한 일로 보인다.

• 회피형

매사에 소극적이고 부정적인 태도를 가진다. 회피형의 사람은 자신감이 없기 때문에 어려운 일이 생기면 그 자리를 피한다.

시도하지 않고 뒤로 물러서며 남이 문제를 해결해 놓으면 슬그머니 나타난다. 부모가 어린 시절부터 자녀가 무엇인가 시도할 때마다 기를 죽이면 자녀에게 회피형의 성격이 나타난다고 한다.

3. 선하고 능력 있는 존재로서의 영재아

1) 선하고 유능한 인간에 대한 무조건적 존중

인간중심이론에서는 인간의 본 모습이 선하고 유능하다고 말한다(Rogers, 1961). 자녀가 아무리 좋지 않은 모습으로 좋지 않은 행동을 하더라도 그 근본에는 선한 동기가 있음을 믿으라는 것이다. 또 자녀가 영재라서 능력이 있다고 생각할 것이 아니라 영재성이 드러나지 않더라도, 심지어 평범한 수준 이하의 성취만을 보이더라도 우리아이는 스스로 성장하고자 하며 성장할 수 있는 능력을 가지고 있음을 무조건적으로 믿어야 한다.

이러한 믿음을 지속적으로 가지면, 자녀는 일생을 통해 자아실현을 이루어 갈 수 있다. 자아실현을 이루는 사람은 현실을 있는 그대로 받아들이며, 자신과 타인에 대한 신뢰감과 융통성 있는 마음의 자세를 갖고, 실존문제에 대한 해답을 자신 속에서 찾으려 하며, 인간적 성숙이 어느 시점에서 완료되는 것이 아니라 지속적인 과정임을 깨닫고 순간순간을 충실하게 보낸다.

아동에게 가장 강력한 영향을 미치는 존재는 부모이다. 연약한 존재로서의 자녀는 부모로부터 인정을 받기 위해 자신의 본래 욕구나 모습을 부정해야만 하는 처지에 놓이기도 한다. 부모가 자신의 판단에 따라 자녀에게 해야 할 것과 하지 말아야 할 것을 정해 놓기 때문이다. 장난을 치면서 즐거워하다가도 부모에게 야단을 맞으면 자기 모습을 부정해야 한다. 동생이나 형 때문에 화가 나고 억

울해도 표현하지 않는 것이 좋다고 배워서 자신의 감정을 억제한다. 부모가 원하는 것을 할 때만 좋은 아이가 되고, 부모가 원하지 않는 것을 할 때는 나쁜 아이가 된다는 것을 알기 때문이다. 부모로부터 긍정적인 존중을 얻어내기 위해 자기가 하는 경험에 폐쇄적이 되고, 현실적인 자기모습보다 이상적인 자기모습을 내면화 하게 된다.

이렇게 자기 모습을 무조건적으로 받아들이지 못하게 되는 과정을 가치의 조건화라고 한다. 자녀의 눈에 보이는 행동에 대하여 외적 준거에 따라 평가하다 보니, 자녀도 자신의 내면적 기준보다 외적 준거에 맞추어 자신의 가치를 평가하게 되는 것이다. 의미 있는 대상으로부터 긍정적 존중을 받기 위해서는 자기의지와 관계없이 겉으로 최선을 다하는 행동을 해야 하는 형편이다. 자녀는 착한 아들딸이 되기 위해 내적 경험을 무시하게 되고, 이런 경향이 심해지면, 속은 비어가고, 겉으로만 남의 욕구에 맞추는 생활을 시작하게 된다. 그래서 남의 인정만을 바라보는 삶을 살다보니, 남의 인정을 받기에 최적의 조건을 갖추었다고 스스로 판단되지 않을 때 고통을 느낀다.

부모가 어느 정도 자녀를 무조건적으로 수용하느냐에 따라 자녀의 자기수용능력은 달라진다. 자녀의 모든 행동을 지나치게 수용해주어서 사회 규범을 배우지 못할 정도까지 되어서는 안 되겠지만, 자녀가 현실의 자기 모습을 수용하면서 역량을 한껏 발휘하도록 하기 위해서는 가급적 자녀의 본래 모습에 초점을 맞추어 그 모습에 관심을 두고 사랑하려는 노력이 필요하다. 부모가 각색한 모습을 자녀의 현실이라고 착각하면 안 된다.

2) 고통의 근원과 의미

로저스(Rogers, 1961)가 보기에 인간의 고통은 객관적 현실에서

오는 것이 아니다. 스스로가 바람직하다고 생각하는 이상적인 자아와 현실적인 자아 사이의 괴리에서 온다. 이상적인 자아의 모습과 현재 자신의 모습이 멀다고 생각할수록 개인은 고통스러워진다. 객관적으로 아무리 뛰어난 능력과 도덕성을 소유하고 있더라도 이상적으로 꿈꾸는 모습이 현실의 모습보다 더 유능해야 하고 더 도덕적이어야만 한다고 생각한다면, 그 사람은 괴롭다.

로저스의 이런 입장은 영재아를 이해하는 데 도움을 준다. 영재아들이 부모에게 보내는 편지에는 자기가 뭘 못하는지, 그래서 얼마나 부모에게 미안한지 등을 호소하는 글이 눈에 띈다. 우리나라 공식 영재교육기관에 입학하기 위해서는 해당 과목에서 상위 0.5% 안에 들어야 함에도 불구하고, 이 곳에 합격한 학생들조차 자신의 능력에 대하여 불만을 표시하고 있다.

이들이 불행한 이유는 이상적인 자아의 수준이 너무 높아서 자신의 현재 모습에 만족할 수 없기 때문이다. 이들은 이상적인 자아를 따라잡기 위해 노력하고 분투한다. 그래서 남보다 더 많이 일하고 더 많이 성취한다. 그러나 이상적인 자아에 간신히 가까워졌다 싶으면 그 사이에 이상적인 자아상은 더 높아지기 때문에 여전히 스스로에 대한 불만은 줄지 않는다. 도달할 수 없는 이상적인 자아를 향해 달리기만 하는 생활이 연속된다.

그래서 영재아들이 상담을 더 많이 필요로 한다. 늘 고되게 발전해도 이상적 자아와 현실적 자아와의 격차는 좁혀지지 않기 때문이다. 또는 그 생활이 너무 힘들이 일찍 자포자기하기도 한다. 인간중심 상담자들은 이들이 현실의 자기를 사랑하고 존중하며 수용하도록 도와준다.

프랭클(Frankl, 1969)은 인간은 어떤 환경에서도 스스로의 마음으로 자기가 어떻게 될 것인지를 결정할 수 있다고 말한다. 극단적인 한계상황 속에서도 인간이 인간으로서 존엄을 유지하며 살아남게 되는 방식을 선택할 수 있다. 프랑클 자신이 나치 포로수용소에서 살아남은 사람이다. 그 때 최악의 생존조건에서도 자신을 살아남게 했던 것은 인간의 자기분리능력 때문임을 발견하였다. 자기분리능력 때문에 인간은 상황에서 자유로울 수 있다.

자기 분리능력의 핵심에는 의미에 대한 의지가 있다. 아무리 고통스러워도 고통의 의미를 찾는다면 견뎌낼 힘이 있다는 것이다. 의미에 대한 탐구가 삶의 일차적인 힘이며, 각자의 의미는 그 개인에게만 독특한 것이어서 단지 자기에 의해서만 충족될 수 있다. 삶의 이유 즉, 의미를 아는 사람은 살기위한 방법을 찾기 마련이다.

프랭클의 의미치료 입장에서 보면, 자녀의 삶을 충만하게 하기 위해서는 어느 정도의 고통이 오히려 필요하다. '왜 공부해야 돼요?' '왜 내가 공부를 잘해야 돼요?' 공부하기 힘든 아이들의 입에서 자주 튀어나오는 질문이다. 쉽게 대답해 버리기보다는 함께 탐구하려는 진지한 자세가 필요하다. 왜 내가 공부해야만 하느냐에 대한 해답을 가진 자녀는 길고 긴 학문의 기간, 자기성장의 기간 동안을 감내해야 할 '고통의 의미'를 아는 것이기 때문이다.

4. 배움을 통해 성장하는 영재성

1) 좋은 배움을 이끄는 가정

행동주의에서 바람직한 행동을 학습하거나 바람직하지 못한 행동을 없애는 일은 기본적으로 두 가지 방법을 통해 가능해진다(이성진, 2001). 첫째는 바람직하지 못한 행동을 할 수 없는 환경 또는 바람직한 행동을 하기에 유리한 환경을 조성하는 것이다. 둘째는 좋은 행동을 했을 때 구체적으로 지지해 주고 격려해 주고, 보상해

주는 것이다.

자녀에게 좋은 배움을 이끄는 환경을 마련해주기 위해 부모들은 끊임없이 노력한다. 우리나라 부모들의 자녀 사랑이 남달라서 최근에 학업성취도 평가와 성적 공개를 둘러싼 논쟁의 중심에도 이러한 경향이 반영되어 있다. 좋은 성적을 올릴 수 있는 환경을 제공하기 위해 학업성취도가 낮은 지역 학부모들이 학업성취도가 높은 지역으로 이사를 가버려서 지역간 학력격차 및 교육 수요 불균형이 더 심각해질 우려가 있을 수 있기 때문이다.

자녀에게 일어날 수 있는 좋은 배움에는 이러한 학력신장에 유리한 환경도 중요하지만, 정서 행동적으로 유리한 환경이 더 중요하다. 거짓말 할 필요가 없는 환경, 누군가를 때릴 필요가 없는 환경, 훔칠 필요가 없는 환경, 서로 돕는 행동을 할 수 밖에 없는 환경은 어떻게 마련해 줄 수 있을까? 정직한 어른들이 있는 환경, 때리는 행동을 가르치거나 극한 상황의 분노가 일어나지 않도록 하는 환경, 물질적으로 풍요롭고 서로 나누는 환경, 애정이 넘치는 환경 등이 그런 환경들일 것이다.

2) 좋은 행동을 이끄는 대접

좋은 행동을 이끌기 위한 대접은 쉽게 말해서 자녀가 선행을 했을 때 칭찬하고 보상하는 것이다. 이것은 가장 강력하고 직접적인 교육방법이다. 여기에서 독자들이 가질 수 있는 의문은 '나도 매일 그렇게 하고 있는데, 왜 우리 아이는 좋지 않은 행동도 하는 것일까? 라는 의문이다. 부모라면 누구나 자녀의 선행을 칭찬하고 악행을 처벌하려고 한다. 그런데 경우에 따라서는 이러한 노력에도 아랑곳하지 않고 자녀는 부모가 예상하지 않았던 바람직하지 않은 행동을 더 하기도 한다.

공부를 열심히 하게 하려고 공부하라고 자주 권유하며, 학업성취도가 높을 때 칭찬과 선물 그리고 격려를 아끼지 않았는데, 얼마 후에 학교 선생님으로부터 아이가 시험시간에 컨닝을 해서 꾸지람을 했다는 연락을 받는 경우가 있다.

동생과 사이좋게 지내게 하려고, 형제간의 우애를 누차 강조하며 동생을 괴롭히는 시늉만 해도 말리고 처벌하곤 했는데, 동생이 형을 무서워해서 알아보았더니 부모가 보지 않는 틈을 타서 동생을 괴롭혀 온 경우도 있다.

자녀의 대인관계를 좋게 하려고, 남들 앞에서 어떻게 행동해야 하는지 열심히 가르치고, 점검하고, 피드백을 해주었는데, 자녀의 대인관계가 좋아지는 것이 아니라 사람만나는 것을 싫어하게 되는 경우가 있다.

위의 예들에서는 좋은 행동에 대한 대접이 정확하지 않았기 때문이다. 첫 번째 예에서는 부모가 자녀의 학업결과에 지나치게 초점을 둔 것은 아닌지 검토해 보는 것이 좋다. 성적보다 공부하는 과정에 초점을 두고 칭찬을 했다면 결과가 달라졌을지도 모른다. 공부하는 과정에서는 힘든 과제를 낑낑거리며 푸는 모습에 기쁨을 표현하고, 문제가 어려워서 손 놓고 있을 때 어려움이 무엇인지 들어주며, 성적이 좋지 않게 나왔을 때라도 시험 준비과정에서 보였던 자녀의 장점을 짚어주며 다음을 기대하자고 격려하는 것은 어떨까.

두 번째 예에서는 부모가 약자인 동생을 보호하는 데 초점을 두었기 때문은 아닌지 검토해볼 필요가 있다. 형이 동생을 보호해 주는 행동을 할 때마다 칭찬해 주고, 동생을 괴롭히려고 할 때는 조용히 타이르며 동생에게 형이 얼마나 중요한 사람인지를 알려주었다면 어땠을까.

세 번째 예는 부모의 관심을 자녀가 남으로부터 받는 평가에 두지 말고, 자녀 자신이 얼마나 행복하게 느끼는지, 타인을 배려하면 상대방에게 어떤 영향을 미치는 지를 알려주는 것에 관심을 두는 것은 어떨지 생각하게 한다. 남에게 잘 보여야 하고, 남의 칭찬을 얻어내지 못하면 부모가 실망한다는 것을 경험하는 것은 자녀에게 매우 힘든 일이다. 남을 의식하고 남의 칭찬을 받아야만 한다고 생각할수록 사람 만나는 게 부담스러운 건 당연하지 않을까?

5. 원만한 부부관계는 영재성을 부양하는 힘

영재 자녀 중에도 정서적인 문제, 대인관계 문제, 학교 부적응 문제 등을 일으켜 부모를 당황하게 만드는 경우가 있다. 가족치료적 입장에서 보면, 이들의 문제는 가족의 기능상 필요에 의해서 생긴 것이다. 그 문제를 일으키지 않으면 가족이 깨어질 것 같은 불안이 자녀로 하여금 그 문제를 일으켜서 부모가 그 문제에 집중하는 동안 가족이 유지되기를 바란다. 가족치료자들이 말하는 건강한 가족의 특성은 다음과 같다(김유숙, 2002).

• 부부간의 원만한 의사소통

서로에 대한 긍정적인 감정과 애정 표현을 자유롭게 할 수 있어야 한다. 정서적으로 협력하면서 조화를 이루어서 서로가 힘들 때 알아봐 주고 감정을 보살펴 주어야 한다. 부부사이에 갈등이 생기더라도 피하지 않고 다루며, 서로의 감정을 속이지 않으면서도 해결책을 낼 수 있다는 믿음으로 지속적인 대화를 나누어야 한다.

• 부모의 확고한 리더십

가정의 리더는 부모이다. 부모가 공동으로 리더십을 발휘해야 한다. 배우자간 힘의 불균형이 심해서 중요한 의사결정을 할 때 한 쪽의 의견만 반영하고 다른 한 쪽은 따라오기만 한다면 공동 리더십이 깨진 상태이다. 자녀에 대하여도 부모는 확고한 리더십을 가지고 있어야 한다. 민주적으로 양육하기 위해 다. 부말에 귀를 기울이고, 가급적 존중해 주는 것은 필요하다. 그러나 자녀의 요구를 분별없이 들어 주면서 부모의 리더십을 포기하면 자녀는 부모를 능가하는 힘을 가지게 되고 부모를 통제하려고 한다.

• 응집력과 개별화의 조화

가족들은 '우리는 하나다' 내지는 '우리는 한 편이다'라는 우리 의식을 가지고 있어야 한다. 이것을 응집력이라고 한다. 응집력이 강한 가족은 서로 믿어주고, 이 세상 누구보다 가족에게 더 많은 관심을 가져주고, 가족이 어려움에 처하면 먼저 달려와서 위로해주고 함께 해주고 해결하려고 노력한다. 이런 응집력이 강한 가족에서 자녀는 소속감과 자신감을 얻는다. 그러나 가족이 때로는 가족 각자의 개성을 존중해 주고 의견에 차이가 나도 인정해 주고, 경우에 따라서는 자녀가 부모에게 반항하며 자기주장을 해도 들어줄 필요가 있다. 각자 나름의 이유가 있음을 인정하기 때문이다. 이것이 개별화이다. 부모와 다른 의견을 제시해도 인정해 주고, 반항 속에 숨은 메시지도 경청해 주며 부모가 권한 일을 하지 않아도 그럴만한 이유가 있었을 것이라고 여유롭게 받아주는 부모 모습을 통해서 자녀는 자신의 가족이 건강하다는 것을 확신하고 스스로 건전한 성장의 길을 계속 갈 수 있다.

제2절 영재아의 리더십

현대 사회는 지식기반 사회이다. 지식기반 사회에서는 정보의 홍수 속에서 많은 사람들이 거의 동시에 정보를 접하며 순간순간 새로운 창조성을 요구받게 된다. 상당한 수준의 이론적 지식을 갖고 교육을 받은 지식근로자들이 현대 사회에서 차지하는 노동력의 비중은 점차 높아지고 있다. 이러한 현대 사회에서 지식 근로자들이 능률성과 적응력을 높이기 위해서는 조직내의 민주화가 중요하다. 구성원간의 대화와 토론, 합리적인 의사결정이 이루어지도록 하기 위해서이다.

이러한 사회변화 속에서 영재아들이 자라나는 세대에서는 새로운 리더십이 필요하다. 누가 누구를 일방적으로 이끌고 다스리거나, 특정한 사람만이 리더가 되는 것이 아니라, 다원화된 전문분야에서 일어나는 역동적인 상황들에 대응하여 스스로의 판단에 따라 리더의 역할을 맡아야 할 때가 있게 된다. 영원한 리더는 없지만, 상황에 따라 누구나 리더가 되어야 하는 시대이다. 그래서 구성원의 욕구의 흐름을 읽을 줄 알며, 상황에 맞는 리더십을 유연하게 구사할 것을 요구한다(김광수 외, 2003).

1. 구성원의 욕구를 알아주는 리더

어떤 상황에서나 통용되는 리더의 자질이나 행동은 없고, 개개의 상황이 리더십의 자질과 행동을 결정한다. 그래서 각 분야의 지식 전문가로서 활동할 가능성이 높은 영재아들에게는 조직과 개인의 욕구가 무엇인지를 헤아리는 능력이 핵심적으로 필요하다. 조직과 구성원의 욕구를 파악하여, 조직의 성장과 개개인의 성장의 합이 커지도록 하는 리더의 자질을 갖추어야 한다.

인간의 욕구를 알아차리는 방법에 대하여는 심리학의 동기이론 연구가 많은 정보를 주고 있다. 예를 들어 매슬로우에 따르면 인간은 항상 무엇을 원하고 있으며, 충족하면 더 원하게 된다. 인간의 욕구는 생리적 욕구, 안전의 욕구, 소속과 사랑의 욕구, 자존심의 욕구, 그리고 자아실현의 욕구의 순서로 출현하며, 먼저 출현하는 욕구가 충족되면 그 다음의 욕구가 주요하게 등장한다(김광수 외, 2003; Maslow, 1956).

생리적 욕구는 인간의 욕구 중 가장 기본적이고 강하고 분명한 생물학적 생존의 욕구이다. 음식, 물, 산소, 활동과 잠, 성, 추위나 더위로부터의 보호, 감각적 자극에 대한 욕구가 여기에 속한다. 안전의 욕구는 개인의 환경 내에서 확실성과 예측성을 적절하게 보장받고자 하는 욕구이며, 심리적인 안전감을 느끼는 것을 그 핵심으로 한다. 소속과 사랑의 욕구는 가족 및 주변 사람들과의 온정적이고 친밀한 관계에 대한 욕구를 말한다. 가족과 의미있는 타자로부터 사랑받고 수용 받는다는 느낌을 통하여 소속과 사랑의 욕구를 충족할 수 있다. 자존심욕구는 스스로 자신의 능력, 신뢰성, 힘, 성취, 독립에 대하여 존중하는 것과 다른 사람들로부터 얻는 명성, 알아 줌, 주목받음, 지위, 평판 등을 말한다. 스스로 자신을 존중하고 남들의 인정을 받을 때 자존심 욕구는 채워질 수 있다.

그러나 스스로 자신을 존중할 수 있는 힘은 역시 어린 시절 부모나 가족 등 중요타자들로부터 받은 인정에서 비롯되기 때문에 아동의 자존심 욕구를 채워주려는 노력이 필요하다. 이들 욕구가 차례로 성취되면, 자아실현의 욕구가 나타난다. 자아실현은 자기가 성취하려는 모든 것을 얻으려는 욕구이며, 자기가 원하는 종류의 사람이 되고, 자신의 잠재력을 최고로 발휘하기 위해 노력하는 것을 말한다. 자아실현의 욕구를 충족하기 위해 아동은 자신의 재능, 능력을 충분히 발휘하고자 노력한다. 영재아동이 자신과 타인의 욕구상태를 이해하는 훈련을 받을수록 주어진 상황에 적절한 리더십을 발휘하는데 도움이 될 것이다.

2. 상황에 따라 유연하게 구사되는 리더십

리더가 갖추어야 할 리더십 역량의 유형에는 여러 가지가 있지만 그 중에서도 현대 사회에 요청되는 리더십 유형 중 영재아동을 교육하는 과정에서 주목해야 할 리더십으로는 셀프리더십, 팔로워십, 섬기는 리더십, 변혁적 리더십을 들 수 있다.

1) 셀프리더십

셀프리더십은 스스로 자신에게 영향을 미치기 위해 사용되는 사고 및 행동전략을 말한다(Manz & Sims, 1980). 스스로 자신을 이끌기 위해 취하는 행동으로서 책임 있는 행동이라고도 말할 수 있다. 자율과 책임이 주어질 때, 사람들 스스로 책임지고 행동하는 것이 셀프리더십이다(김광수 외, 2003). 셀프리더십에 의해 개인은 자신의 행동을 자율적으로 통제하며, 조직에 공헌하고, 역량 개발을 위한 지속적인 자기혁신을 꾀할 수 있다. 현대 사회의 리더십은 탁월한 한 명의 리더의 명령에 순종하는 조직보다는 조직원 개개인이 스스로의 역량을 개발하며 자신의 발전 뿐 아니라 조직의 발전에 기여할 것이 요구된다.

영재아동의 셀프리더십은 자신의 역량이 조직의 틀 내에서 발휘될 수 있는 기틀을 다지는데 유용할 것이다. 스스로 자신의 미래를 설계하고, 행동계획을 세우며 실천하고, 책임감 있는 개인으로서 성장할 것이기 때문이다. 또한 스스로의 지적 · 정서적 · 시간적 자산을 관리할 수 있는 힘을 기르게 됨으로써 자신의 역량을 발전시킬 수 있을 것이다.

2) 팔로워십

팔로워십은 조직에 대한 영향력은 대단하지만 그 행동양식에 있어서 주도적으로 나서는 스타일이 아닌 리더십을 일컫는다. 팔로워십이 강한 사람은 묵묵히 자신의 일을 하면서 조직이 설정한 목표를 향해 솔선수범하며, 조용하지만 든든하게 리더를 지지하고 구성원들을 격려하는 역할을 한다(Kellerman, 2008). 팔로워는 스스로 독창적인 생각을 하고 리더에게 영향력을 발휘하며, 조직이나 리더, 자신에게 도움이 되는 창의적이고 비판적인 사고방식을 견지한 유능한 사람이다. 리더가 팔로워에게 영향력을 행사할 수 있듯이 팔로워도 리더에게 영향력을 형사할 수 있다. 팔로워와 리더의 관계는 지배나 통제, 복종의 관계보다는 상호관계를 통하여 팀이나 조직이 직면한 상황을 해결하고 풀어가는 상호 영향력을 발휘하는 중요한 관계이다.

개개인의 성격이 다르듯이 영재아동들의 성격도 천차만별이다. 영재아동 중에는 앞으로 나서서 자신의 능력을 보여주고 영향력을 행사하고 싶어 하며, 첫 눈에 범상치 않은 아동임을 스스로 나타낼 만큼 주도적인 아동들이 있다. 그런가하면 많은 능력을 가지고 있음에도 불구하고 워낙 조용히 지내다보니 나중에서야 인정을 받게 되는 아동들도 있다. 대개 부모들은 자녀가 외향적이고 앞에 나섬으로써 능력 이상으로 남들의 인정을 받기를 원한다. 그러다보니 자녀가 급우들 속에 조용히 지내는 모습을 보일 때 아쉬워하고 안타까워한다. 그래서 '숫기가 없다', '표현력이 부족하다', '리더십이 부족하다'등의 평가를 해가며 아쉬움을 표현한다.

그러나 부모의 이러한 조바심은 아동의 재능 발전이나 심리적 안정에 도움을 주지 못한다. 오히려 자신이 정말 대인관계에서 리더십이 부족하다고 스스로를 규정하여 자녀를 위축되게 만들 우려가 있다. 내향적인 성격을 외향적인 성격으로 바꾸는 일은 불가능에 가까울 정도로 어렵다. 그렇기 때문에 자녀가 조용히 지내서 주목받지 못한다고 아쉬워하기보다 시각을 바꾸어 그런 자녀의 모습을 팔로워십을 가졌다고 인정해주는 태도를 보이는 것이 좋다. 그리하면 자녀는 자신보다 못한 듯한 능력만을 가지고도 앞에 나서서 분위기를 주도해가는 친구의 모습에 위축되거나 분노를 느끼지 않고 편안한 마음으로 자신의 능력을 발휘해가며 더불어 가는 사회를 실현하는 내적인 힘을 얻게 될 것이다.

3) 섬기는 리더십

섬기는 리더십은 타인을 위해 봉사하는 것에 초점을 둔 리더십이다(Greenleaf et al., 2002). 자신의 존재를 부각시키거나 남의 섬김을 받으면서 리더로서의 군림하려는 것이 아니라 구성원들의 아래에 위치하는 것을 강조한다. 남을 섬기면서 위가 아닌 아래의 위치에서 구성원을 움직이는 힘을 발휘한다. 섬기는 리더는 자신의 욕구나 바람보다 구성원의 욕구나 바람을 충족시키는 것에 우선을 두며, 그 과정에서 봉사와 희생정신을 발휘한다.

섬기는 리더의 힘은 봉사하는 삶에서 비롯된다. 테레사 수녀가 전 세계에서 국가와 민족을 초월한 영향력을 발휘한 것은 섬기는 리더십의 대표적인 예이다(김광수 외, 2003). 남보다 위에 서거나 두드러지는 리더는 아니지만 구성원의 마음을 감동시킴으로써 그 어떤 유형의 리더보다 더 큰 영향력을 발휘할 수 있다.

현대 사회의 구성원들은 인권 · 자유의식이 강하기 때문에, 그들의 마음을 감동시키지 않고서는 영향을 미칠 수 없다. 자신의 권리를 찾는데 그 어느 때보다 익숙한 현대 사회 조직 구성원들을 움직여서 그들 자신의 성장 뿐 아니라 조직 전체의 성장을 도모하도록 하기 위해서는 그들의 마음을 움직여야 한다. 섬기는 리더십을 발휘하여 구성원들과 신뢰 관계를 돈독하게 형성시켜 놓는 것은 리더십의 기본적 요건이다.

〈마더 테레사는 죽는 날까지 가난하고 소외받고, 병으로 고통 받는 이들의 어머니를 자처한 진정으로 섬기는 리더로서의 삶을 살았다〉

4) 변혁적 리더십

변혁적 리더십은 조직원들에 대한 교육적 역할을 담당한다. 변혁적 리더는 부하들의 의식구조, 가치체계, 태도와 믿음에 혁신을 가져옴으로써 더 넓고 높은 목적을 성취하도록 이끌 수 있다. 경우에 따라 조직이 추구하는 가치와 목표를 변경하거나 이를 더욱 고차원적인 목표로 고양시킬 수도 있다. 예컨대, 물질이 풍부하다는 현대 사회에서 빈곤함을 느끼는 사회구성원들에게 새로운 의미있는 가치를 발견함으로써 물질에 대한 상대적 박탈감으로 인해 고통받는 대신 새롭고 의미있는 삶을 영위하도록 가치를 발굴하는 것이다. 정신적인 기쁨에 대한 추구, 자신보다 더 고통스러운 자들에 대한 배려, 절약과 절제의 미덕 추구 등의 방향을 향하도록 사회적 분위기를 전환할 수 있는 리더가 변혁적 리더에 속한다.

제3절 영재아의 진로지도

자녀가 자신에게 적합한 직업을 택하도록 인도하는 일은 부모에게 가장 중요한 일 중 하나이다. 어린 시절에 별로 두각을 나타내지 못했던 사람이 진로를 잘 선택하여 물질적으로 풍요로울 뿐 아니라 행복을 느끼며 잘 살아나간다고 보일 때 특히 진로지도가 중요하다는 것을 실감한다. 진로상담이론에서는 자신에게 적합한 일을 찾기 위한 노력은 어린 시절부터 시작해야 한다고 주장한다. '저 친구 학교 때 나보다 공부도 못하고 인정도 못 받았었는데, 어떻게 저렇게 잘 살 수 있지?'하는 순간들이 진로의 중요성을 일깨우는 순간들이라고 보면 된다.

자녀가 현재 학업성취에서 남보다 두각을 나타내지 못한다고 해도 크게 걱정할 것은 없다. 오히려 자녀의 성향을 면밀히 분석하여 직업적 특징을 발견해 주는 일이 필요하다. 나이가 어릴 수록 한 가지의 직업과 연결시키는 것보다 여러 가지의 직업적 특징을 발견해 주어서 이후에 자신의 능력과 상황에 맞게 선택할 수 있도록 해 주는 것이 좋다. '오늘 보니까 물고기에 관심을 많이 보이네.' '환경을 깨끗하게 하는 일에 관심이 많구나' '기계 만지는 일을 좋아하는

구나' '오랫동안 문제 푸는 것을 좋아하나보다' '사람 만나서 도와주는 일에 관심이 많구나' '돈 버는 일에 관심이 많네' '정리정돈에 소질이 있구나' 등이 그 예들이다.

거꾸로 자녀가 현재 학업성취에서 두각을 나타낸다고 해도 그것만으로 안심할 수는 없다. 영재아일수록 그 영재성을 어느 방향으로 성장시키고 발현시켜야 할 지에 대하여 더 관심을 가져야 한다. 필자가 했던 상담사례 중 서울의 일류 외국어고등학교에 입학한 학생이 있었다. 급성 정신분열 초기증세를 앓고 있었는데, 당시의 주된 증상은 불안과 지리멸렬함이었다. 매사 불안해서 곧 죽어버릴 것 같은 고통을 느꼈고, 책 한 줄 읽어 내는 게 힘이 들었다. 이 학생의 초, 중학교 시절은 그야말로 화려한 성취의 연속이었다. 무엇이든 일등이었다. 그러다가 모든 것에서 1등하기가 도저히 어려운 고등학교 생활에서 극도의 스트레스를 경험해야 했다. 하루하루는 처절함의 연속이었다. 이 학생에게 '무엇이 되기 위해 일등을 해야 했니?' '네 꿈은 뭐니?'라고 물었다. 그 때 학생의 표정이 잊혀지지 않는다. 내 질문에 바로 대답하지 못했던 그 학생이 다음 상담시간에 가져온 대답은 '회사원이 되려고요'였다. 일등 하느라고 너무 바빠 진로의 방향을 수립하지 못한 채 앞으로만 달리다가 벼랑 끝에 몰린 그 학생이 아직도 안타깝게 기억된다.

현재 우리나라의 현실에서 자녀가 공부를 좋아하고 잘 해주면 부모가 편안하다. 부모는 학비 준비만 하면 된다. 게다가 어디 가도 기죽지 않는 자부심마저 생긴다. 같은 시대를 살아가는 부모로서 매우 축하할 만한 일임에 틀림이 없다. 그러나 자녀의 학년이 올라갈수록 공부 잘 하는 자녀의 부모도 진로지도에 어려움을 겪는다. 입학전형이 너무나 다양하고, 또 사회가 변화되다보니 한 번 좋은 직장에 성공적으로 진입한다 해도 평생이 보장되지 않는다. 취업도 문제이지만 취업해서 동료 간의 선의의 경쟁을 얼마나 잘 해내느냐도 중요하다. 꾸준한 경쟁을 해서 이겨내려면, 공부만 잘해서는 안 된다. 그 분야를 좋아해야 한다. 경쟁해서 이기라는 압력이 와도 그 일을 하는 것이 즐겁거나 의미 있다고 느껴야 평생 꾸준히 선의의 경쟁을 해낼 수 있다. 이런 의미에서 요즘 사회가 무한경쟁의 시대라고 하지만 그것은 자신의 내면과의 무한투쟁인 것으로 보인다. 좌절해도 이기고, 반복되는 경쟁을 즐겨야 살아남을 수 있기 때문이다.

그래서 진로지도가 중요하다. 자녀가 공부를 잘 하면 잘 하는 대로 못하면 못하는 대로 자기에게 맞는 진로를 찾아주어야 한다. 이 일은 자녀에 대한 진정한 관심과 시간 투자 없이는 절대로 할 수 없는 일이다. 이 대목에서 필자도 한국의 부모로서 고달픔을 경험한다. 각종 원고 마감일에 쫓기느라고 이번에 고등학교에 입학하는 자녀를 위해 자녀가 가고 싶어 하는 학교와 학과들의 입학전형을 찾아 함께 정리할 시간을 내지 못하고 있다. 내 시간을 벌기 위해서 대신해 줄 만한 전문 인력을 찾아 어느 정도는 맡기겠지만 내 자녀의 인생을 결정하는데 남에게 맡기고 나 몰라라 할 수는 없다. 내가 오랜 동안 관찰해 온 내 자녀의 특성과 우리 집의 가풍이 반영되어야 편안한 결정이 되기 때문이다.

이렇듯 진로준비는 갑자기 되는 일이 아니다. 내신 성적 받아 보고나서 수시 전형 지원학교와 학과를 결정한다든지, 수능시험 보고 나면 대략 범위가 결정 되겠지라는 생각으로 자녀의 진로에 대한 관심을 뒤로 미뤄두는 부모들이 많이 있다. 급한 일들에 밀려 자녀의 진로에 대한 관심을 뒤로 미루면, 수능성적에만 맞추어 학교와 학과를 선택하게 하여 이후의 자녀 인생을 방황으로 몰아넣게 될지도 모른다. 하루아침에 미적분 방정식을 풀 수 없듯이 자녀의 직업적 특성에 대한 지식을 쌓는데도 지속적이고 의도적인 노력이 필요하다. 대학입학 학과를 결정할 때는 자녀가 어릴 때부터 축적해 놓은 자녀의 직업관련 특성에 대한 지식을 토대로 합리적인 결정을 해야 한다. 그래서 틈나는 대로 다음과 같은 일을 해보기를 권한다.

성적을 올리라고 추궁하거나 성적이 올라가지 않아서 슬퍼하는 시간의 절반을 진로탐색에 활용한다. 즉, 이 성적으로도 갈만한 대학이나 학과는 어떤 것들이 있는지 알아본다. 자녀가 관심을 보이는 직업에 대한 정보를 허심탄회한 마음으로 수집한다.

학교에서 어떤 진로교육을 진행하고 있는지 알아본다. 학교마다 나름대로 진로교육을 실시하고 있다. 대형 특강, 집단 프로그램, 개인상담 등 여러 형태로 진행한다. 자녀가 어떤 진로교육을 받고 있는지, 진로교육을 받으면서 새롭게 발견한 점은 무엇인지, 새로운 직업에 대해 알게 된 것은 있는지 등에 대해 자녀와 함께 대화를 나누는 시간을 갖는다.

진로지도 사이트들을 친숙하게 활용한다. 그 곳에는 자녀의 진로 관련 특성을 알아볼 수 있는 심리검사들이 많이 탑재되어 있다. 직업흥미, 직업성격, 직업가치관, 적성검사 등이 있다. 한 번의 심리검사로 자녀의 특성을 충분히 파악할 수는 없다. 그 보다는 1년 정도 간격으로 반복적으로 검사를 해서 기록을 보관해 두라고 권하고 싶다. 고등학교나 계열결정, 대입 학과 선택을 해야 하는 순간에 그 검사결과 파일을 점검하면서 보다 진지한 의사결정을 할 수 있게 되기 때문이다. 초등학교 때부터 시작하고, 중학교 때부터는 정기적으로 해보는 것이 좋다.

근처의 진로관련 전문기관을 찾아 이용한다. 그 곳에서는 심리검사 뿐 아니라 전문가들이 진행하는 진로탐색 프로그램들이 있고 필요에 따라 개인상담을 받을 수 있다. 자녀의 특성을 폭넓게 탐색하게 해주고, 아직 발견되지 않은 직업관련 특성을 발견할 수 있는 기회를 주기도 한다. 자녀가 고등학생 이상이라면 근처의 고용지원센터를 적극 활용할 수 있다.

<진로지도 사이트의 예>
커리어넷 : www. careernet.re.kr
워크넷 : www.work.go.kr

제4절 영재아의 중독

인터넷 중독은 우리나라 아동 청소년 문제에서 큰 비중을 차지하고 있다. 영재아동에게도 인터넷 중독은 피해갈 수 없는 주제이다. 특히 영재아동은 자신이 흥미 있어 하는 대상에게 몰입하는 경향이 있다. 몰입은 어떤 활동에 푹 빠져 있다가 다른 무엇을 생각해내지 못하고 그 활동이 가져다주는 희열에 매료된 나머지 자신을 온통 내맡겨버리는 상태를 말한다(박승희, 2005; Csikszentmihalyi, 1990). 행동 그 자체가 흥미롭고 즐겁기 때문에 외부적인 보상이 없더라도 지속되는 행동을 통해 얻게 되는 경험을 말한다. 어떤 활동에 깊이 빠져 들어가는 흡인 또는 집중된 상태로서 개인이 유능성과 행복감을 동시에 느끼는 즐거운 심리적 상태이다. 학습에 대한 몰입일 경우에는 학습 자체에 큰 즐거움을 느끼고 과제를 자기주도적으로 수행하려 하며, 과제수행시에 높은 집중력을 보인다(Harter, 1981). 그러나 몰입의 대상이 컴퓨터 게임일 경우 아동은 몰입 정도가 심할수록 사회성, 성취성, 안정성, 자율성, 사려성, 정서인식, 정서표현, 정서조절은 낮은 경향을 보이는 반면, 공격성은 높아지는 부정적 인성특성을 보인다(안혜숙, 이종승, 2002).

자녀가 인터넷에 탐닉하는 것을 막고 건전하게 사용하도록 지도한다는 것은 인터넷 사용자체를 막는 것이 아니라 컴퓨터 사용에서 조절력을 갖도록 돕는 것이다. 영재아동의 역량 발휘를 위해서는 몰입의 강도도 중요하지만 더 중요한 것은 몰입의 대상이 바람직한 영역으로 방향지워져야 한다. 영재아동이 인터넷 게임에 과도하게 몰입하는 경우 부모나 교사는 영재 아동이 현재 보이는 높은 성취도로 인하여 심각성을 인식하지 못할 수 있다. 그래서 효과적인 개입시기를 놓치기 때문에, 영재 아동이 오히려 부적응적인 인터넷 게임 몰입에 대한 개입을 받는 데 불리한 위치에 놓일 우려가 있다.

영재 아동이라 할지라도 인터넷 게임에 대한 과도한 몰입은 부모와 교사의 각별한 주의를 요한다. 자녀가 컴퓨터에 과도하게 몰입되었다는 생각이 들면, 신중하고 차분하게 다음과 같은 과정을 밟아야 한다.

1. 관찰과 경험

자녀는 대부분 자신의 인터넷 중독은 문제가 아니고, 인터넷을 하지 못하게 하는 부모나 선생님만 없으면 자신이 행복해질 것이라고 말하며 실제로 그렇게 생각하고 있는 듯하다. 다른 많은 중독증세와 마찬가지로 이들도 자신의 증세를 인정하지 않으려는 고집스런 특징을 갖고 있다.

그런 자녀와 갑론을박 언재하지 말고 우선 자녀의 인터넷 사용상황을 지켜보는 것이 필요하다. 가급적 정확한 사용시간, 사용하는 메뉴, 사용하면서 보이는 행동특성, 인터넷 사용이 일상생활에 미치는 영향 등을 지켜본다. 다음에 제시한 인터넷 중독자의 특징이 나타나는지도 살펴본다(장재홍 외, 2002; 하지현, 2000).

• 집착

어떤 특정한 행위가 그 사람의 삶에서 매우 중요한 위치를 차지하게 되고, 그것에 대해서만 생각하고, 느끼고, 그것을 계속하기 위해 노력하는 것을 말한다. 그 행위를 하지 않을 때에도 항상 다음에 그 일을 할 때 '어떻게 할까'에 대해 생각하게 된다. 인터넷에 집착하면 인터넷을 하지 않는 동안에도 인터넷을 할 생각만 하고, 인터넷에서 뭔가 새로운 일이 일어나고 있을 것 같은 생각에 사로잡혀 있으며, 대부분의 시간을 인터넷을 사용하는데 보내게 된다.

• 대인갈등

특정 행동 때문에 그 행위를 하는 사람은 일상의 인간 관계 및 사회 관계에서 갈등을 경험하고 이에 따른 문제가 발생한다. 인터넷을 사용함으로 인해 가족간의 갈등, 친구간의 갈등, 교사와의 갈등을 겪는 것 등이 이에 해당한다.

• 내성

같은 정도의 만족감을 느끼기 위해서 점점 더 많은 시간과 더 많은 양의 활동을 하게 되는 것을 말한다. 자녀의 인터넷 사용량이 점점 많아지는 것은 내성이 증가하고 있음을 반영한다.

• 금단

인터넷을 중단하거나 갑자기 줄이게 되면 불쾌감이나 불안감, 짜증, 불면 등의 증상이 생기고, 다시 인터넷을 하게 되면 마음이 편안해진다. 금단증상은 수업 중에도 게임소리가 귓전을 맴돌거나 밤에 잠자리에 들어도 다음에 인터넷을 할 생각에 빠져드는 것을 비롯하여 천장이 컴퓨터 화면으로 보이고, 그 속에 인터넷의 장면이 어지럽게 펼쳐지고, 컴퓨터를 하고 있지 않는 동안이면 짜증이나 부정적인 정서와 행동을 보인다.

- 일상생활 장애

인터넷에 한번 들어가면 그만두기가 어렵고, 다른 일을 미루거나 포기한다. 인터넷 사용으로 수면 시간이 현저하게 줄어들거나, 인터넷을 하기 위해서 거짓말을 자주 하고, 중요한 약속을 어기거나 공부 및 직장 일을 소홀히 하며, 친구를 만나지 않고 취미활동에도 관심이 없어진다. 가출을 하는 등 자녀가 인터넷을 과다사용하면서 겪게 되는 일상생활의 장애는 그 폭이나 정도가 매우 다양하다.

- 신체적 증상

만성피로감, 눈의 피로, 시력저하, 근골격계 장애가 오고, 불규칙한 식사로 인한 영양실조 혹은 운동부족과 과식으로 인하여 체중이 증가하며 혈압상승, 심장마비, 돌연사 등이 초래된다.

2. 관계형성

인터넷을 많이 사용하는 자녀의 입장에서 보면, 인터넷 중독의 문제는 해결해야 할 '문제'가 아니다. 자신은 인터넷을 오랫동안 사용하면서 불편을 느끼지 않는다. 그들에게는 오히려 인터넷을 오래 사용하는 것을 '문제'라고 지적하는 부모나 교사가 문제이고 골치거리가 된다.

이러한 점이 감지되었을 때, 주의할 점은 섣불리 개입하거나 감정적으로 대하지 않는 것이다. 부모 스스로 어떤 감정을 경험하는지 먼저 자신을 관찰해야 한다. 화가 나는지, 조바심이 나는지, 좌절이 되는지, 두려운 지 등 부모가 자녀의 인터넷 사용으로 인해 자신이 받은 영향을 충분히 통찰해야 한다. 감정이 정리되면, 자녀에게 부모의 마음을 전한다. 부모가 자녀의 인터넷 사용과 관련하여 경험하고 있는 바를 비난하지 않는 어투로 전달한다.

인터넷 사용이 과다한 자녀일수록 관계를 맺기가 힘이 든다. 대화를 잘 하려고 하지 않고, 귀찮은 일은 딱 질색이 된다. 특히 '인터넷 사용을 줄여라'라는 말을 듣는 것을 매우 고통스러워 한다. 섣불리 개입하기보다 자녀가 인터넷에 빠져든 계기와 인터넷 사용을 통해 얻는 긍정적인 면 등에 대하여 진지하게 이해해야 한다(임은미, 1999).

3. 지도

1) 일상생활 유지

일상생활에는 수면, 식사, 학교생활시간, 방과 후 공부 등이 포함되며, 가장 기본이 되는 것은 수면과 식사이다. 컴퓨터를 사용하기 이전에, 또는 컴퓨터 사용상의 문제가 발생하기 이전에 몇 시에 자고 몇 시에 일어났는지 등을 정확히 파악한 후 현실에 맞는 계획을 세운다. 수면시간이 유지되면 이튿날 일상생활, 특히 학교생활에 지장을 받지 않으며, 장기적으로는 건강을 유지하거나 증진하는데 바람직하다. 식사를 하기 위해 인터넷을 중지하고, 잠자는 시간을 일정하게 유지하기 위해 인터넷을 중지하며, 제 시간에 등교하고 하교하면서 심각한 중독으로 이끌 정도의 과도한 사용은 막을 수 있다. 또한 잠자고 식사하는 것이 정상적으로 유지된다면 심각한 중독상태는 아니라고 보아도 된다.

특히 우리나라 자녀가 대부분 참가하고 있는 방과 후 사교육 시간까지 잘 맞출 수 있다면 인터넷 중독이라고 보기는 더욱 어려울 것이다. 주위 사람들이 볼 때 인터넷을 많이 사용하더라도 자신의 생활을 조절해나갈 수 있는 능력이 남아있기 때문이다. 이런 자녀에게는 인터넷을 사용하지 말라고 권고하기보다는 새로운 목표들을 제시함으로써, 활동의 목록을 추가해 주면서 인터넷 사용시간을 조절하도록 유도하는 것이 필요하다. 즉, 인터넷 사용을 제지하기보다는 다른 대체활동을 권유하는 것이 효과적이다. 자신에게 주어진 일이 우선이 되고 남는 시간에 인터넷을 사용하게 되면 인터넷 사용시간이 길어지는 데 한계가 있으며, 비록 사용시간이 길어지더라도 크게 문제될 것이 없다.

2) 내성에 대한 대처

자녀가 인터넷을 사용하면서 일상생활이 흐트러지기 시작하면 내성이 생겨나고 있다는 신호이다. "좀 더 이길 때까지", "좀 더 속이 시원해질 때까지" 하려면 컴퓨터를 점점 더 오랫동안 사용해야 한다.

자녀가 이런 모습을 보일 때 "네가 컴퓨터를 많이 사용하니까 일상생활이 흐트러지지 않니! 컴퓨터를 그만 둬"라고 꾸중하면 반발을 사게 되는 경우가 많다. 자녀는 인정하지 않으려 한다. 다른 건전한 활동을 할 기회를 주어 가급적이면 컴퓨터 사용 중지라는 말이 덜 언급되면서 자연스럽게 컴퓨터 사용이 제한되도록 하는 것이 좋다.

자녀는 자신이 하는 일을 막는다는 느낌이 들면 민감해지며, 비협조적으로 임하게 된다. 이러한 과정은 많은 시간을 자녀와 함께 보내며, 자녀와 원만하고 신뢰로운 관계를 맺어 온 사람에 의해서 신중하게 시행되어야 한다. 자녀와 일상생활을 함께 하는 부모가 시행하는 것이 가장 효과적이다. 컴퓨터 중독 예방을 위한 부모교육 특강, 상담 프로그램 등에 열심히 참여하여 부모 자신이 현실인식을 바르게 하고, 인터넷 중독예방 교육 및 상담 능력을 기르는 것이 필요하다.

3) 금단증상에 대한 대처

인터넷에 오랫동안 탐닉해 있다가 사용시간을 조절하려고 할 때는 금단증상이 따른다는 것을 자녀와 부모는 함께 알고 있어야 한다. 구체적인 증상에는 개인차가 있다. 금단증상으로 인한 고통이 겉으로 드러나지 않더라도 인터넷 사용 금지기간 동안에 자녀 각자가 금단증상을 이겨내려고 개인내적인 분투를 하고 있음을 인정해 주고 격려해 주는 것이 중요하다.

여러 가지 금단증상 중에서도 인터넷을 사용하지 못하게 되면 불안하고 초조하며 짜증이 나고, 심하게는 호흡곤란이나 혈압상승 등과 같은 신체증상이나 자해와 폭력을 일삼게 되는 경우에는 의료기관과 연계를 맺으면서 경과를 지켜보는 것이 효과적이다. 금단증상에 대한 이해가 부족한 상황에서 심하게 금단증상을 경험하는 경우에는 잘못된 대처로 인하여 더 큰 위험을 초래할 수도 있다.

4) 신체증상에 대한 대처

컴퓨터 작업을 오래 하다보면 눈이 침침하고, 눈물이 나며, 어깨가 결리고 허리가 불편한 증상을 경험한다. 그러다 얼마간 일상생활을 하게 되면 그런 증세들이 없어지기 때문에 우리는 인터넷을 사용함으로 인해 발생하는 신체증상에 소홀하기 쉽다. 그러나 컴퓨터 작업을 오래하는 기간이 몇 달 이상 지속되면, 컴퓨터 작업을 끝내고 일상생활을 한참 동안 해도 위의 증상들이 빨리 없어지지 않게 된다. 모니터를 보고 있지 않아도 통제할 수 없는 눈물이 나기도 하고, 눈이 늘 충혈되어 있으며, 어깨 통증이 참기 어려울만큼 심해진다.

인터넷 과다사용으로 인한 신체증상은 아이나 어른에게 모두 일어난다. 아이들은 유연하고 운동량이 많아서 통증으로 드러나지는 않지만 유연할 때 고정된 자세로 오랫동안 있는 것이 신체구조에 미치는 영향은 어른에 대한 영향보다 심각하다.

인터넷을 많이 한 날은 눈이 더 충혈되어 있고, 자주 깜박인다. 그 시점에서 함께 안구운동을 하며, 먼 산을 바라보고, 체조를 한 후, 신체증상을 자각시키고, 건강한 신체를 갖기 위해서라도 사용시간을 조절하여 40~50분을 한 후에는 휴식시간을 갖절하여 지도한다.

참/고/문/헌

김광수, 신명숙, 이숙영, 임은미, 한동승(2003). 대학생과 리더십. 학지사.

김유숙(2002). 가족치료: 이론과 실제. 학지사.

노안영, 강영신(2003). 성격심리학. 학지사.

박승희(2005). 아동의 학습동기 유형과 몰입과의 관계. 초등교육학연구, 12(2), 149-267.

안혜숙, 이종승(2002). 컴퓨터 게임 몰입 아동의 특성에 관한 연구. 교육발전논집, 23(1), 57-87.

이국행, 서재복, 이정원, 임은미, 정덕호, 허진휴, 김미림(2009). 부모를 위한 영재교육 가이드. 도서출판 맥기획.

이성진(2001). 행동수정. 교육과학사.

임은미(1999). 청소년 사이버문화의 이해와 지도방안. 청소년의 사이버 문화. 한국청소년상담원 125-138.

장재홍, 유정이, 권해수, 김형수, 최한나(2002). 청소년인터넷 과다사용 프로그램 개발. 한국청소년상담원.

하지현(2000). 청소년 PC중독의 원인분석. 청소년의 PC 중독. 한국청소년상담원 33-58.

Adler, A.(1964). Social interest. *A challenge to mankind.* NY: Capricorn.

Corey, G.(2005). *Theory and practice of counseling & psychotherapy, 7th ed.* Thomson: Brooks/Cole.

Csikszentmihalyi, M.(1990). *Flow: The psychology of optimal experience.* NY: Harper & Row.

Deci, E. L., & Ryan, R. M.(1995). *Intrinsic motivation and self-determination in human behavior.* NY: Plenum Press.

Frankl, V.(1969). *The will to meaning: Foundations and applications of logotherapy*. NY: New American Library.

Greenleaf, R. K., Spears, L. C., & Covey, S. R.(2002). *Servant leadership: A journey into the nature of legitimate power and greatness 25th anniversary edition*. Mahwha, NJ: Paulist Press.

Harter, S.(1981). A new self-report scale of intrinsic versus extrinsic orientation in the classroom: Motivational and informational components. *Developmental Psychology, 17*, 300-312.

Kellerman, B.(2008). *Followership: how followers are creating and changing leaders*. Copyrighted Material.

Manz, C. C., & Sims, H. P., Jr. (1980). Self-management as a substitute for leadership: A social learning perspective. *Academy of Management Review, 5*, 361-367.

Maslow, A. H.(1956). Self-actualizing people: A study of psychological health. In C. E. Moustakas(ed.). *The self: Explorations in personal growth*. NY: Harper & Row, 160-194.

Rogers, C.(1961). *On becoming a person*. Boston: Houghton Mifflin.

찾 / 아 / 보 / 기

인명색인

내 용 색 인

저·자·소·개

서재복 | 전주대학교 사범대학 교수
✦ 영재교육과 평가 등

박숙희 | 협성대학교 교양교직학부 교수
✦ 유아 영재교육 등

이국행 | 전북대학교 사범대학 교수
✦ 학부모를 위한 영재교육 가이드 등

이정원 | 서남대학교 대학원 교수
✦ 교육심리학 등

이희연 | 한국교육개발원 영재교육센터 연구원
✦ 학부모를 위한 영재교육 등

임은미 | 전북대학교 사범대학 교수
✦ 다문화 상담의 이론과 실제 등

정덕호 | 전북대학교 과학영재교육원 교수
✦ 그림 읽기 자료를 이용한 지구과학 영재교육 등

최지영 | 한남대학교 교육학과 교수
✦ 세계를 이끄는 한국의 최고 과학자들 등

최지은 | 전주대학교 사범대학 교수
✦ 창의성의 체제모델에서 분야와 영역간의 양방향성에 대한 시계열분석 등

허진휴 | 전북대학교 과학교육학부 겸임교수
✦ 학부모를 위한 영재교육 가이드 등

저자와의
협의하에
인지생략

학부모를 위한 영재교육

2010년 1월 28일 인쇄
2010년 1월 30일 발행

저 자 서재복 · 박숙희 · 이국행 · 이정원 · 이희연
임은미 · 정덕호 · 최지영 · 최지은 · 허진휴

발행자 박준식

발행처 도서출판 원 미 사
서울 성북구 장위2동 65-192 우남빌딩 202호
등록 1994년 1월 18일(제6-192호)
TEL 02)919-9630 FAX 02)919-3093
E-mail: wonmisa@unitel.co.kr

파본은 교환해 드립니다.

정가 13,000 원

ISBN : 978-89-5544-152-9